教育部人文社会科学研究项目
"西南丝绸之路历史故事动漫化传承与传播研究"（20YJC850014）

# 西南丝绸之路历史故事动漫化传承与传播

王 睿 ◎ 著

四川大学出版社
SICHUAN UNIVERSITY PRESS

图书在版编目（CIP）数据

西南丝绸之路历史故事动漫化传承与传播 / 王睿著. -- 成都：四川大学出版社，2024.12. -- ISBN 978-7-5690-7293-8

Ⅰ. K203；G12

中国国家版本馆 CIP 数据核字第 2024HL0658 号

| 书　　名： | 西南丝绸之路历史故事动漫化传承与传播 |
| --- | --- |
|  | Xinan Sichou zhi Lu Lishi Gushi Dongmanhua Chuancheng yu Chuanbo |
| 著　　者： | 王　睿 |
| 选题策划： | 陈　蓉 |
| 责任编辑： | 陈　蓉 |
| 责任校对： | 吴近宇 |
| 装帧设计： | 墨创文化 |
| 责任印制： | 李金兰 |
| 出版发行： | 四川大学出版社有限责任公司 |
|  | 地址：成都市一环路南一段 24 号（610065） |
|  | 电话：（028）85408311（发行部）、85400276（总编室） |
|  | 电子邮箱：scupress@vip.163.com |
|  | 网址：https://press.scu.edu.cn |
| 印前制作： | 四川胜翔数码印务设计有限公司 |
| 印刷装订： | 成都市火炬印务有限公司 |
| 成品尺寸： | 148 mm×210 mm |
| 印　　张： | 7.375 |
| 字　　数： | 198 千字 |
| 版　　次： | 2024 年 12 月 第 1 版 |
| 印　　次： | 2024 年 12 月 第 1 次印刷 |
| 定　　价： | 38.00 元 |

本社图书如有印装质量问题，请联系发行部调换

版权所有 ◆ 侵权必究

# 目 录

## 第一章 西南丝绸之路的文化因子与历史使命……………（1）
第一节 西南丝绸之路的内涵与外延………………（1）
第二节 西南丝绸之路的特点与价值………………（7）
第三节 西南丝绸之路沿途的文化形态……………（11）

## 第二章 西南丝绸之路历史故事深层延续与动漫创新融合发展的必要性和可行性……………………（15）
第一节 动漫的多重特质……………………………（15）
第二节 动漫艺术呈现出的崭新视觉形态和文化传达体系的身份认知………………………………（20）
第三节 多元文化深度融合下动漫艺术的全新表达渠道和表达场域……………………………………（26）
第四节 "优越性"元素在动漫创作具体化表达中的融入………………………………………………（35）
第五节 西南丝绸之路历史故事在动漫中的渗透和实现机理…………………………………………（40）
第六节 实践主体和文化客体之间"自我"与"他者"交互中的"传承创新"………………………（48）
第七节 "一带一路"背景下西南丝绸之路历史故事与动漫艺术融合发展的新机遇………………（54）

# 第三章　西南丝绸之路历史故事与动漫发展构建的影响机制和因素……（57）

第一节　媒介与文化、产业与市场、制作与传播之间的关系……（57）

第二节　西南丝路文化元素的提炼与动漫作品审美品格提高……（70）

第三节　西南丝绸之路历史故事动漫作品有效传播的影响因素……（75）

第四节　西南丝路文化与数字动画融合模式下受众结构与心理变化分析……（81）

第五节　西南丝绸之路文化与动漫融合的产业链构建……（86）

# 第四章　新媒体环境下西南丝绸之路文化的崭新生命力……（94）

第一节　新媒体媒介终端的特征……（94）

第二节　新媒体传播的优势和途径……（97）

第三节　新媒体环境下动画的文化属性和传播途径……（107）

第四节　新媒体环境下传播语境的改变与多元化文化形式的产生……（117）

第五节　交互动画驱动下的西南丝路文化探求和审美……（120）

第六节　西南丝绸之路文化与新兴动画文化业态的融合发展……（126）

第七节　新媒体为西南丝路文化传播带来的机遇和挑战……（132）

## 第五章　西南丝绸之路文化与动漫产业的互动机制……（139）

第一节　搭载文化产业发展快车开启动漫产业发展模式
………………………………………………………………（139）

第二节　国内外对中国传统文化的动漫化呈现…………（142）

第三节　以"内容为王"的动漫产业特征及核心竞争力
………………………………………………………………（148）

第四节　西南丝绸之路文化与动漫产业融合的动力模型
………………………………………………………………（154）

第五节　文化与动漫产业融合下的价值链解构与重构
………………………………………………………………（161）

第六节　动漫产业市场规模化助力西南丝绸之路文化传承与传播……………………………………………………（164）

第七节　西南丝路文化与动漫产业的共生共赢 ………（168）

## 第六章　西南丝绸之路历史故事与动漫融合的规律和策略
………………………………………………………………（171）

第一节　"一带一路"文化建设下的西南丝路文化复兴
………………………………………………………………（171）

第二节　西南丝绸之路故事内涵挖掘与动漫民族化形式阐发…………………………………………………………（178）

第三节　西南丝绸之路历史故事动漫化的实现方式与路径……………………………………………………………（186）

第四节　西南丝绸之路历史故事与动漫融合的产业链模型构建………………………………………………………（188）

第五节　西南丝路文化涵养动漫美学品质与凸显人文精神……………………………………………………………（191）

第六节　西南丝路动漫传播的基本形态与运行模式……（194）

第七节　西南丝路文化和动画艺术融合下的"走出去"
　　　　战略……………………………………………（206）
第八节　西南丝路文化动漫化传承和传播的意义和价值
　　　　…………………………………………………（215）

**参考文献**……………………………………………………（219）

**后　　记**……………………………………………………（227）

# 第一章　西南丝绸之路的文化因子与历史使命

## 第一节　西南丝绸之路的内涵与外延

### 一、西南丝绸之路的内涵

(一) 西南丝绸之路的溯源

"丝绸之路"作为一条国际交通线，因丝绸作为主要的贸易物品而得名，是连接古代中国与地中海地区的重要桥梁。"丝绸之路"又可进一步细分为北方丝绸之路、南方丝绸之路以及海上丝绸之路。这三大贸易路线是连接中国、印度、埃及、罗马等多个文明古国的重要纽带。世界三大宗教——佛教、基督教、伊斯兰教，就是诞生于丝路贸易途经的国家并流传至今。贸易、思想和文化等方面的交流与融合，让"丝绸之路"成为世界上最具影响力和价值的文化遗产之一。

南方丝绸之路泛指中国南方的四川、云南、西藏、广西、广东等地在历史上与外部连接的通道，主要为西南丝绸之路与岭南丝绸之路，本书研究的重点在于西南丝绸之路。

西南丝绸之路是最早孕育和形成的古代丝绸之路，比北方丝绸之路和海上丝绸之路早了200多年，其起源可追溯到公元前3世纪左右。当时，汉朝开始向西扩张领土，并通过云贵高原南北走向的山脉控制了南方地区，这使得南方地区开始向外拓展贸易，逐渐形成了西南丝绸之路——中国连接南亚、东南亚的重要通道。

相比北方丝绸之路，西南丝绸之路名气并不太大，但是在我国的历史上也扮演着极为重要的角色，为民族融合、对外交流、经济社会发展等做出了不可磨灭的贡献。

（二）西南丝绸之路的嬗变

西南丝绸之路起源于先秦时期，但其鼎盛时期是在汉代。该路线由四川成都出发，分为三条干线。第一条经今四川西昌、云南大理、云南德宏入缅甸北部，经过今印度北部辗转到达地中海沿岸，可称"成都经西昌、大理入缅甸至印度道路"；第二条经今四川西昌、云南大理、云南德宏入缅甸北部到达杰沙（元代称江头城），走水路或陆路沿伊洛瓦底江至孟加拉湾出海，再转达地中海沿岸，可称"成都经大理入缅甸沿伊洛瓦底江出海道路"；第三条经今四川宜宾、云南昆明和云南蒙自至越南河内，再经海防出海到达地中海沿岸，可称"成都经宜宾、昆明、蒙自至越南北部出海道路"。[①]

## 二、西南丝绸之路的外延

西南丝绸之路沿途留下了丰富的物质文化遗产与非物质文化遗产，对我国的经济、文化、艺术、宗教等方面有着深远的影响。

---

① 方铁. 简论西南丝绸之路［J］. 长安大学学报（社会科学版），2015（03）：114－120.

## （一）西南丝绸之路与经济

西南丝绸之路经济的发展得益于独特的地理位置和丰富的资源，它连接着中国东南沿海的繁华城市和南亚、东南亚等地的港口城市，推动了广泛的贸易活动。西南地区还拥有众多的自然资源，如铜、锡、镍、锌、铅等矿产资源，珍禽异兽等动物资源，以及药材、茶叶等农特产品资源，这些都为西南丝绸之路经济的繁荣提供了助力。

西南丝绸之路的贸易往来，最早可以追溯到张骞出使西域。张骞在大夏发现了蜀布和邛竹杖，为西南丝绸之路上经济贸易的流通和沿途各方经济紧密往来提供了发展契机，大量的蜀布开始销往西域。伴随着贸易的深入和人们对物品需求的增长，中国的茶叶、青花瓷、画作等物品也作为商品逐渐流通至各大古国，带动了我国经济的不断发展。

现如今，西南丝绸之路已成为中国与南亚、东南亚国家经济合作的重要桥梁，具有较强的区位优势。同时，该地区拥有丰富的自然资源，包括矿产资源、水力资源、农业资源等，具有很大的发展潜力。近年来，西南丝绸之路经济地区积极推进与南亚、东南亚国家的经济合作，加强贸易、投资、旅游等领域的交流，推动区域经济的发展。另外，"一带一路"建设也加强与中亚、西亚、欧洲等地区的经济合作，推动着区域经济的融合发展。

## （二）西南丝绸之路与艺术

西南丝绸之路不仅是一条商贸通道，在贸易流通的过程中也产生了多样且丰富的艺术形式及艺术作品，推动了各民族艺术的交流融合。

1. 音乐：民族文化的产物

西南丝绸之路途经多民族、多文化地区，拥有丰富多彩的音乐文化。在历史上，这里曾是丝绸之路的重要通道，也是汉族、藏族、彝族、傣族、哈尼族、壮族等多个民族的聚居地。不同民族的音乐文化在这里交汇、融合，形成了独特的西南丝绸之路音乐艺术。

西南丝绸之路音乐艺术融合了多元的文化与民族特色，在演奏方式、乐器使用、节奏韵律等方面都有着独特的风格和显著特点。例如，彝族的芦笙音乐通常由两个芦笙手演奏，一人吹奏高音部分，一人负责低音部分，两人配合默契，形成了独特的和声效果。傣族的傣乐则是一种集歌唱、舞蹈、器乐于一体的音乐形式，通常在婚礼、节日等场合演奏。除了民族特色的音乐形式，西南丝绸之路地区还有一些具有代表性的音乐家和音乐作品，具有较高的艺术价值和影响力。

西南丝绸之路对中外文化交流做出了巨大的贡献，出现了唐贞元十六年（800年）南诏王异牟寻进献《南诏奉圣乐》，以及十七年（801年）骠国王雍羌派王子舒难陀献《骠国乐》等被载入史册、广为传颂的标志性事件。《南诏奉圣乐》和《骠国乐》是西南丝绸之路沿途遗留的民族文化产物，它们的出现是中国各民族音乐文化交流进程的重要节点。汉安帝永宁元年（110年），掸国遣人入京进行歌舞表演，行经永昌道，将掸国的杂技及音乐带入京城。可以看出，西南丝绸之路不仅带动了经济的发展，而且促进了我国西南文化与中原文化的交流。这些互动为我国西南丝绸之路的发展注入了活力。同时，西南丝绸之路音乐成为中国音乐文化不可或缺的一部分。

2. 美术：历史文化的瑰宝

西南丝绸之路沿途艺术成果深受多民族、多文化的影响，形成了独特的风格和特色，主要包括壁画、绢画、石刻等形式。

云南省大理白族自治州的壁画艺术极具代表性，以佛教题材为主，具有鲜明的民族特色和地域特色。大理的三塔寺壁画以壮观的佛教故事为主题，形象生动、色彩鲜艳，具有很高的艺术价值。除了壁画，云南、贵州等地的绢画、石刻等艺术形式也有着独特的风格和特色。云南省的绢画以细腻的线条、鲜艳的色彩和鲜明的民族特色著称，常用于绘制民间故事、传说和风景等题材。贵州省的石刻则以独特的雕刻技法和富有地方特色的题材为主要特点，常用于雕刻寺庙、墓葬等建筑物。

学者常雁来在其文章《略论胡人在南方丝绸之路民间艺术交流中的价值》中指出：胡人在汉代墓室画像砖（石）、雕塑、青铜器和壁画等艺术作品中十分常见，并且其造型表现多样，内涵丰富。[①] 比如四川彭山崖墓的第 550 号崖墓中出土的胡人吹笛俑，广汉和新都东汉画像砖上出现的胡人乘轺车、胡人骑吏等形象，云南剑川石钟山石窟第 1 号窟南诏第六世王"异牟寻坐朝图"窟门左侧壁上的旅行胡人形象。广义上来讲，"胡人"是中国古代对北方边地及西域各民族的称呼。"胡人"形象是西南丝绸之路艺术中的重要视觉形象，其不同于汉族的服饰、面容特征极具异域风情，是一种新颖的艺术表达形式，助推了绘画、雕塑等艺术形式的多元化创新。

---

① 常雁来. 略论胡人在南方丝绸之路民间艺术交流中的价值 [J]. 艺海，2018（4）：127—128.

### (三) 西南丝绸之路与宗教

历史上，佛教、道教、伊斯兰教、基督教等多种宗教经西南丝绸之路传播和交流，形成了独特的宗教文化。

1. 西南丝绸之路上的佛教文化交流

佛教的传入对中国以及东南亚产生了巨大的影响。据史料《华阳国志·南中志》记载，魏晋南北朝和隋唐时期是佛教在我国传播的极盛时期。[①]

印度佛教经丝绸之路流入云南省，直接影响着当时云南的经济、文化、建筑，甚至还影响了当地的民俗风情，比如在丽江、泸沽湖、香格里拉等地区形成了以壁画、寺庙、经堂等建筑艺术为主要表现形式的佛教文化。南诏王丰佑所建的大理崇圣寺就是云南境内重要的佛教寺庙，该寺庙建筑规模庞大，方圆七里，有八百九十间房屋和一万一千四百尊铜佛。在云南的其他地区，佛教的传播促进了当地建筑风格的发展和演变，形成了具有地方特色的佛教建筑风格。佛教也为当地人民祈福、保平安的心理提供信念支撑，云南各地都形成了尊重佛教及佛文化的氛围。

2. 西南丝绸之路上的道教文化融合

除了佛教，道教也是西南丝绸之路沿线有重要影响的宗教之一。各地考古遗址出土的大量道教器物表明，在陕西西安、秦岭山区及四川、贵州、云南等地，道教已经有了深入的传播和发展。此外，还有一些民俗信仰、祭祀活动也与道教息息相关，如云南文山壮族的"打死奴"、四川彝族的摩崖剪纸等。由此可见，在漫长的贸易往来中，道教的思想和文化随之传入了西南地区，

---

① 黄宇. 西南丝绸之路文化影响域 [D]. 昆明：昆明理工大学，2006.

并与当地的文化相互融合。

除了佛教和道教文化，伊斯兰教、基督教等宗教也在西南丝绸之路沿线地区得到了广泛传播和发展。例如，云南昆明、大理等地区就有一定规模的伊斯兰教信徒和清真寺，而贵州省的黔西南州、黔东南州等地区则有一定规模的基督教信徒和教堂。

## 第二节　西南丝绸之路的特点与价值

### 一、西南丝绸之路的特点

#### （一）被称为交通神话的"马帮驿道"

一提到丝绸之路，人们通常会想到北方丝绸之路上穿越沙漠的驼铃。在西南丝绸之路上，没有骆驼，只有人背马驮，这成为云贵川山区居民唯一的出行方式，也形成了西南丝绸之路上独特的马帮文化。西南丝绸古道狭窄，又穿梭在崇山峻岭间，稍大一点的交通工具无法在这些古道上使用。特殊的地域环境，决定了早先大规模的长途运输只能依赖马。马帮由此产生。马帮的出现又衍生出了马店这样的特殊存在。马店扎根在丝路沿线，是马帮中途休息与补充给养的场所，也成为西南丝绸之路沿线各方文化交流的重要场所。马帮们作为各地交流的媒介在古道上来往穿梭，交换物资，传播文化，促进了各族之间的商贸往来和文化交融。

"头骡打扮玻璃镜。千珠穿满马笼头，一朵红缨遮吃口，脑

7

门心上扎绣球……"① 这是流传于川滇古道的歌谣《赶马调》。歌谣形象地描绘了在蜿蜒崎岖的山涧古道中,马帮牵着骡或马艰难赶路的场景,马帮领头的骡或马装扮繁复华丽,成为古道上的一种特色文化。

马帮驿道有着重要的历史意义。它不仅仅是一条交通线路,更承载着丰富的历史人文价值。如今,马帮驿道虽然已成为历史陈迹,但是仍然对云南的社会经济和民族文化产生着深远的影响,与当地民间艺术、建筑风格及风俗习惯等有着密不可分的联系,体现了中华文化多样性和西南历史文化的深厚魅力。

(二)环境复杂、坎坷崎岖的"险道"

我国横断山脉位于茶马古道所穿越的川滇西部和藏东区域,是印度洋板块与欧亚板块挤压所形成的皱褶地区,金沙江、澜沧江、怒江三条大江从这里穿过,形成了世界上最独特的高山峡谷地貌。这里的高山深谷阻隔了对外交往,给人们带来了许多不便。

西南丝绸之路与北方丝绸之路的显著不同在于,西南丝绸之路穿过云贵高原和喜马拉雅山脉这类高山峻岭,交通极其不便,但因为海拔、气候、风土人情等的不同,沿途的历史遗迹和文化景观也别具一格,促进了该地区的文化多样性和独特性,让西南丝绸之路成为一个独具魅力的历史文化地带。

(三)聚集多元民族文化的文化道路

西南丝绸之路是最早连接两大古代文明发源地的交通路线,沿线各民族之间的贸易往来带来了人口的流动,随之而来的是文

---

① 敏塔敏吉. 茶马古道上的马帮文化[J]. 思茅师范高等专科学校学报,2008(4).

化的碰撞与交融，使得当地文化具有兼容性与多元性。

具体来看，西南丝绸之路以主干道为依托，同时分布多条线路，商贸的繁荣发展推动了不同地区的人员交流，同时也带来大量的民族迁徙、人口流动，各种文化在交流中沉淀、积存，不同民族聚落也逐渐融合，形成了多民族聚居的特点，使西南丝绸之路成为一条不同民族文化相互传播的纽带，为西南地区与中原等地的地域文化、印缅文化相互沟通交流、有机融合创造了物质条件。作为不同历史背景下多民族文化融合的产物，多民族聚落文化更加独特且内容更丰富，更具有开放与包容的特点。

这种文化的融合不是被动吸收，而是一个文化交融与改造的过程，最终形成兼容并存的多元民族文化。至今西南地区仍居住着中国半数以上的民族，不同民族在长期的交流融合中产生了新的聚落文化，在不同文化交融中共同创建了民族文化的集大成——中华文化。

## 二、西南丝绸之路的价值

### （一）对外搭建沟通桥梁

西南地区的丝绸之路历史悠久，贯穿了中国多个省份，从四川、云南、贵州等地一路向南，经过缅甸、泰国，最终连接南洋诸国，成为对外沟通的重要桥梁。随着历史的演变，西南丝绸之路逐渐成为多种文化和民族交汇的地区，各类商品和文化物品在这里流通，推动西南地区与海外产生紧密的联系。

随着商品经济逐渐活跃，西南丝绸之路在中国古代的经济和文化交流中扮演起重要角色。许多古代文明国家借助西南丝绸之路与中国进行了贸易往来，如佛大国、阿育国、伽卢国、大秦国等。通过这些贸易往来，中国从外部获取了许多珍稀物品，也向外输出了中国的特色商品。

在古代亚欧地区的文明交流中西南丝绸之路也发挥了重要作用，历代王朝与亚欧地区都借此进行物质、文化等方面的交流，既有普通商品、珍稀物品和生产工艺等商贸交流，也有宗教、艺术、科学等方面的双向传播。[①] 现在，西南丝绸之路与"一带一路"倡议相结合，更是成为内陆沿边开放的重要支撑，为推动中国与周边地区的经济合作发挥了不可替代的作用。

### （二）对内促进民族融合

西南丝绸之路不仅是中国对外沟通的重要桥梁，更是多民族文化融合的展示平台，它促进了汉族、藏族、彝族、白族等多个民族之间的文化和人员交流，从而促进了各民族之间的相互了解和融合，形成了丰富多彩的民族文化。在长期的交往中，不同民族不断地汲取、融合和创新，形成了独特的文化风貌。例如，通过西南丝绸之路，尤其是茶马古道，西藏和内地加强了联系，推动了西藏地区经济的发展。藏族人民将自己独具特色的文化和艺术传统通过茶马古道传播到其他地区，如唐卡画、雕塑、佛教艺术等，这些文化元素影响着周边地区的文化发展，并与其他族群的文化产生了交流与融合。

此外，在西南丝绸之路的交往中，不同民族还通过婚姻等形式进行密切的联系，这对于不同民族之间的融合也起到了积极的作用。比如，汉族与彝族之间的通婚现象就很常见。可以说，西南丝绸之路促进了不同民族之间的文化交流和融合，同时这种融合也促进了当地民族的发展和繁荣。

---

① 方铁. 简论西南丝绸之路 [J]. 长安大学学报（社会科学版），2015（03）：114-120.

## 第三节　西南丝绸之路沿途的文化形态

### 一、西南丝绸之路上的文化形态

西南丝绸之路沿途文化形态神秘而丰富，在此笔者主要从宗教文化、地域文化和民族文化等方面阐述几种具有代表性的文化形态。

（一）神秘浑厚的佛教文化

佛教文化是西南丝绸之路上最为神秘的文化形态之一，佛教也是在我国传播最久的宗教之一。佛教文化的快速传播和普及，又是西南丝绸之路作为宗教和文化传播的重要桥梁的依据之一。

巴蜀地区拥有众多佛教古迹，如乐山大佛、峨眉山金顶等，乐山大佛是世界现存最高的大型石雕佛像。这些佛教古迹不仅见证了佛教在巴蜀地区的历史和文化地位，也是巴蜀文化的重要组成部分。佛教文化还渗透到了巴蜀人民的日常生活中，引发了很多相关的文化现象，在建筑、书法、绘画、雕刻等方面产生影响，并辐射到整个西南地区乃至我国其他地区，对中华文明产生了深刻的影响。

（二）丰富多彩的滇文化

滇文化是西南丝绸之路沿线衍生出的丰富的文化形态之一，是中国云南地区形成的一种独特的文化体系，主要分布在云南东部地区，距今已有 2000 余年的悠久历史。在古代，滇池及其周边地区是非常繁荣的商业贸易中心，根据考古学家的研究，早在公元前 3000 年左右，滇池流域就已经形成了比较复杂的社会组织和文化特征。随着丝绸之路的发展和畅通，滇池及其周边地区成为重要的商业和文化交流中心，促进了滇文化的发展和繁荣。在唐朝时期，滇池及其周边地区更是成为丝绸之路的重要组成部分，嘉陵江上游河谷地区也因此成为南方丝绸之路的重要节点之一，与川、黔、桂等地相连。

考古学家发现，滇文化也有璀璨的青铜文化。云南地区曾先后出土了多个青铜雕像，如 1956 年晋宁石寨山墓地中发掘出土的大量青铜雕像，1972 年江川县李家山古墓群遗址中发掘的以牛虎铜案为代表的一千余件青铜器，1976 年保山市昌宁青铜墓中出土的四十一件青铜斧等，都具有浓厚的滇青铜文化色彩。大理地区以白夷文化为代表的古代文化在新石器时代晚期就已经相当繁荣。大理地区通过贸易和文化交流，吸收了各种外来思想和文化，为古代文明的发展做出了卓越贡献。

### （三）极富魅力的汉文化

从秦汉在云南设立郡县开始，汉文化便在云南各郡县产生影响。这条古老的道路上，无数马队不断穿过，从四川的成都和宜宾到印度和阿富汗。在西南丝绸之路的贸易往来和文化交流中，汉文化得到了广泛的传播。例如，三国时期的蜀汉地区，就是西南丝绸之路沿线的一个重要地区，其文化特征中包含浓厚的汉族文化色彩。在唐代，汉文化在西南地区的传播也达到了顶峰，尤其是在成都平原、滇池流域等地，都有大量汉族人口定居和生活，使汉文化在当地得到更深入的传播和发展。

汉文化在西南丝绸之路上有着广泛的传播和影响，例如，藏族等少数民族地区也在某种程度上接受了汉文化的一些元素，并与本民族传统文化融合，形成了自己独特的文化特征。

中原文化博大精深的内涵，沿着丝绸之路这条商道推动了一条文化之路的形成。汉文化的影响对于云南地区的文化发展产生了积极的影响，从饮食、服饰、建筑等方面都能够看出不同地域之间的文化融合与借鉴。这种文化融合和借鉴，最终推动形成了云南地区独特的文化风貌和特色，可以说，云南地区的文化类型是在历史的演变中逐渐形成的，包含了当地彝族、白族等民族文化与汉族文化的融合。这种文化的融合与演变，也让云南地区的文化具有了强烈的多元性和包容性。

## 二、西南丝绸之路的文化价值

文化是民族的精神家园和思想灵魂，既是一个民族的独特标识和重要支撑，也是引导一个民族前进方向的重要因素。总结历史和展望未来，能够为民族的发展提供思想指引，确定方向。因此，保护和弘扬优秀的文化传统，成为维护民族团结和发展的重要任务。随着社会的进步和现代科学技术的日益发展，这条曾经在长达两千多年的历史长河中发挥过重要作用的西南丝绸之路不再具备昔日的功能，但作为中华民族宝贵的历史文化遗产，它留给后世的价值并不会随时间流逝。

西南丝绸之路沿线有些驿站已列为历史文化保护单位。西南丝绸之路沿途承载着神秘而丰富的文化形态。挖掘神秘的西南丝绸之路历史文化与民族文化核心价值，强化西南丝绸之路沿线城镇生态环境保护与建设，推动西部文化产业以及文化旅游的发展，有利于不同地区、不同民族、不同国度之间的文化交流与合作，加快西部大开发建设步伐。

西南丝绸之路上的文化多元性是其最大的文化价值之一。在这条路线上，不同民族的文化元素相互影响、融合，形成了独特的文化风貌。这些文化元素包括语言、宗教、艺术、建筑、服饰等方面，展现了当时不同民族之间的文化交流和融合。西南丝绸之路的历史价值也非常重要。这条路线在古代就已经存在，是古代中国与南亚、东南亚等地区进行经济和文化交流的重要通道，推动不同民族的交流和融合，推动了中华文化的发展和繁荣，见证了中国古代的经济、政治和文化变迁，具有重要的历史价值。同时，西南丝绸之路的艺术价值也值得后人去探索发掘。

# 第二章　西南丝绸之路历史故事深层延续与动漫创新融合发展的必要性和可行性

## 第一节　动漫的多重特质

动漫是人类创造的一种综合艺术,其作为科技与艺术相结合的产物,不仅是一种带有民族文化特征的文化现象,而且是具有丰富艺术韵味的文化产品。

### 一、动漫：一种综合性艺术

动漫是一种借助图像图形处理技术呈现出的动画和漫画表现形式,是集绘画、音乐、文学、数字媒体于一体的综合性艺术。随着现代科学技术的快速发展,很多功能强大的绘图软件替代了徒手绘制,动漫产品制作方式的数字化变革有效提高了动漫设计的制作效率。作为架构在技术上的综合性艺术,动漫的创作与发展离不开技术的支持。随着新兴媒介和计算机软件技术的不断革新,动漫的创作形式也随之多种多样,对各类绘图软件的充分利用,使动漫具有明显的技术特质。科学技术的发展推动了数字技术在动漫艺术创作中发挥更大的作用,促使动漫成为一种具有代表性的综合性艺术。

"动漫"概念源自1997年创刊的《漫友》杂志投资公司"漫友文化"，是动画与漫画诸类视觉元素的综合表现体。动漫也被称作动态漫画，是将人类的情感、动作融入其中，通过艺术创作将有生命或无生命的东西进行拟人化、夸张化的一种艺术创作。作为一种大众艺术，动漫具有诙谐、幽默的特点，也是一种独特的视觉艺术与文化形式，武术、音乐、戏曲、绘画等艺术形式是动漫常用的文化元素。尤其是中国传统的水墨动画片，是将中国传统水墨绘画融入动画领域，最终成为独具中国传统文化特色的动漫艺术，提升了动画电影的艺术格调。1961年，由中国国画大师为动画片主要角色形象执笔，上海美术电影制片厂制作的第一部水墨动画片《小蝌蚪找妈妈》诞生，该片一问世就轰动世界。作为具有浓厚中国传统文化元素的艺术精品，这部动画片中蕴含了中国传统文化思想，被称为中国水墨动画艺术的代表。

无论是动画还是漫画，都有一个共同的特性，即创意。作为一种文化产业，动漫在创作手法以及作品形式上都展现出丰富的创意，创意的好坏影响着动漫产业的发展。坚持原创动漫内容开发，通过内容上的创意引起观众的关注，从而扩大动漫的传播范围，增强其传播效果，最终反作用于动漫的创作。如今，动漫的创作与传播建立在技术基础之上，通过运用各种媒介并以艺术的形式来进行创意的展现，动漫将科技、艺术、创意三者融为一体，成为一种新的综合性艺术。

## 二、动漫：一种文化产品

动漫属于人类的艺术创造，是文化产品细分的一个领域，已衍生出比较完整的产业；动漫本身也是由人借助媒介所创造的一种文化产品，是传统文化与新兴文化融合的成果；是一种文化现象，有其自身存在的文化语境。"文化语境是指使用某一语言的语言集团共有文化背景的总和，包括语言系统本身和语言系统相关的社会状况、历史传统、风俗习惯、思维方式、价值观念等。"① 作为一种文化产品，动漫艺术的语言系统核心是视觉图像语言，通过视觉元素的使用来展现一定的文化内涵。

作为一种文化产品，动漫是一种动态的视听文化。许多国产动漫都是以中国神话故事、寓言故事和文学著作为原型进行创作，将中国传统文化、中华民族精神以图像符号的形式展现给受众，满足受众的情感需求，在传承中国传统文化、弘扬中国精神方面有独特的优势。比如《哪吒闹海》《宝莲灯》等动画作品均取材自中国古代文学故事，《三个和尚》的故事改编自民间谚语等。近年来，以习近平总书记提出的文化自信理念为新起点，中国动漫事业得到了长足发展，推出了一大批以中华民族文化为题材的动漫作品，中国传统文化的深厚底蕴为动漫创作提供了扎实的内容基础。

## 三、动漫和地域性的民族性特征

动漫作为一种艺术形式和载体，具有鲜明的民族特色和地域特色。如美国与日本是两个动漫生产大国，其动漫各具特点。美国作为发达国家，商业经济的繁荣使得动画也带有浓厚的商业色彩，动画制作技术高，因此动漫中多呈现出科技美感，而在动漫内容上呈现出轻松活泼、娱乐性较强的艺术风格。日本动漫在汲取外来文化营养的同时，仍立足于本民族传统文化进行创作，即取材于日本本土的民间传说、神话，并在动漫角色设计、色彩、音乐方面融入民族元素进行改造，使得日本动漫充满了民族特

---

① 引自 CNKI 社科知识元数据库。

色。此外，对于梦幻色彩的继承也是日本动漫立足于传统的表现，并且达到了新的高度。着眼于当下也是日本动漫的一个特色，对生活进行细腻真实的描绘，高度关注日本社会的现实生活。

中国传统文化精神是动画艺术"民族性"的精神内核，正是由于对中国传统故事和民族文化题材的选取，经过长期的发展，国产动漫呈现出明显的民族性特征。例如，以中国神话故事为创作主线、水墨画为创作手法，创作出不同于其他地区审美的水墨动画。此外，动漫作品中也会展示地方特色食物、民族服饰、传统节日与风俗和独特的地理景观，方言与地方口音也在动漫中有所运用。独特的中国文化符号为国产动漫增添了鲜明的民族性特质。

如今，中国的动漫在保留从传统文学故事、民间传说中取材的基础上进行创新，使得动漫所呈现的民族性特征更加符合时代要求。2016年上映的《大鱼海棠》以《庄子·逍遥游》中的意象为依托，融合了中国古代神话传说，构建了一个人神共生的新奇世界。而其中最重要的场景——神之围楼，以福建客家土楼为建筑原型，人物服饰则体现出汉服特色。整部影片以其唯美的画风呈现出独特的中国韵味，凭借精彩的故事情节和极具特色的艺术形象展示出中华民族独特的民族精神和文化符号，从而激发国内受众的民族身份认同感，更加坚定文化自信。中国动漫保留民族特征的重要途径就是继承和表现传统文化，西南丝绸之路相关的历史故事是我国在长期历史发展过程中所积淀的民族文化，具有鲜明的民族特色，将其与动漫创作相融合，能够有效传承中国的文化精神。

## 四、动漫凸显于其他艺术形式的特质

动漫作为技术与艺术结合的产物，能够折射出当代人们的生活方式和追求新意的社会化心理。时尚的本质即变化，随着社会文化的多元化发展，借助新媒介技术产生的动漫进入人们的视野。追求和制造前卫消费是当今社会向前发展的内在动力机制之一，进一步推动技术变革日新月异，为动漫的创作奠定了坚实的物质技术基础。动漫作为一种不断蓬勃发展的消费文化，已经融入寻常人家的日常生活。

动漫作为一种大众文化，能够使人直接参与其中获得愉悦的感受。文艺批评家本雅明认为，传统艺术侧重于对艺术品的膜拜，而现代艺术则侧重于艺术品的展示价值。动漫就是这种现代艺术，在动漫当中，艺术与世俗生活之间的等级观念与界限都已消失不见，留下的唯有影像盛典。以大众熟知的"动漫真人秀"为代表，人们可以通过角色扮演"变身"成动漫式的人物形象，也可以近距离与动漫装扮的人物形象互动。在这种环境下，人们不用再被历史文化观念等束缚，从身体到心理都得到释放。对动漫形象进行放飞心灵的模仿，也可以利用动漫游戏的交互性使人参与其中，使身体成为交流的介质，尽情地释放身体的能量。借助动漫，人回归到本初的样子。

动漫是人所创造的一种充满虚幻的艺术。在这个虚拟的动漫世界中，人们可以尽情构造虚幻的情境与形象，如"拯救世界的英雄""为人类而战的勇士"以及各种对浪漫爱情的空幻想象，借此享受视觉盛宴和身心上的愉悦。这正是虚幻对人心理造成刺激而使人陷入离奇幻想之中，特别是未成年极容易对这些如痴如醉，而现今动漫文化在成年人群体中也蔓延开来，越来越多的人对此充满兴趣。虚幻的刺激，是动漫作为一门艺术带给人的独特感受。

在电影电视出现之后,世界就进入了视觉文化时代,之前人们只能依靠阅读纸质文本获取必要的信息,且印刷文化的传播明显受限。而世界步入视觉时代之后,不同地区的人们可以通过图像等视觉文化获取信息以此丰富精神世界,这种获取信息的方式更直接、更具体,人们的思维方式和交流方式也随之改变了。动漫是将漫画与新媒体技术相结合而产生的一种视觉文化形式,是建立在读图基础之上的一种声音与图像并存的形式。作为一种视觉语言,动漫除了能再现现实生活,还能将人的各种幻想以图像的形式展现出来,表现形式也丰富多彩。

动漫作为文化产品符合受众特别是青少年的认知心理和追求奇异、唯美的心理特点。动漫作品中的人物大都具有超现实的能力,并且集颜值与智慧于一身,满足了青少年对力量和美的幻想与追求。此外,动漫作为一种文化产品,在形式上有美感,内容上有韵味,能够使人得到精神上的愉悦感。

## 第二节　动漫艺术呈现出的崭新视觉形态和文化传达体系的身份认知

动漫艺术集电影、美术、多媒体科技等表现形式于一身,同时又区别于其他艺术,是具有独立审美意识的艺术形式。柏拉图认为:"美是由视觉和听觉产生的快感。"[1] 动画作为一种视听艺术,其特性决定了作者在动画创作的思维过程中需要考虑到动画的画面以及声音的完美演绎。

---

[1] 柏拉图. 柏拉图文艺对话集[M]. 朱光潜,译. 北京:商务印书馆,2013:199.

第二章　西南丝绸之路历史故事深层延续与动漫创新融合发展的必要性和可行性

随着现代技术的发展，动漫艺术表现为内容、思维和数字技术相结合，呈现从传统到现代的拓扑性特征，逐渐实现传统文化在当代动漫艺术中的"生态"衍变与"活态"传承。如果文化的现代性确如巴赫金所说是有着众多的各自独立而又不相融合的声音和意识，是由具有充满价值的声音组成的真正的复调，那么对传统文化的"回跃"正如这支现代交响乐的基调，使复杂多变的复调在彼此的矛盾中得以紧密连接。技术的每一次进步都极大地拓展了动漫艺术的表现力，促进了动漫艺术的发展。信息技术是一种影响动画形式的现代高科技工具，更重要的是，艺术家可以充分发挥其创造力，而创造力可以摆脱真实环境的限制，生成全新的奇幻图像，给观众带来强烈的视觉冲击力。作为一种融合了造型艺术和影视艺术的特殊艺术形式，具有拓扑性的动漫艺术对承载和传播西南丝路故事有重要优势。

## 一、动漫艺术中数字媒体技术的应用

相对于传统媒体而言，数字媒体对动漫艺术的健康和可持续发展产生了重要影响，主要体现在以下几个方面。首先，数字媒体技术对动漫的设计质量及制作效率有提升作用。在动漫行业迅猛发展的背景下，动漫作品设计及制作的效率与其市场竞争力紧密相关，目前数字媒体技术在动漫作品设计中的应用不仅能够简化创作步骤、充实作品内容，而且能使动漫作品的前期推广和宣传效果更好，同时当动漫作品转化成动漫产品时，数字媒体技术也能够应用到动漫产品的生产中，不仅节约产品制作的成本，而且可极大地提高产品生产的效率，提高动漫产品的经济效益。其次，数字媒体技术有利于提高动漫作品的艺术性。① 动漫艺术是通过将多种艺术元素融合在一起设计出具有较强艺术表现力的作品，人们在欣赏作品的过程中，不仅能够了解作品的内容，掌握动漫作品所要传递的信息，还能够感受到动漫作品所蕴含的艺术魅力。最后，数字媒体技术有利于挖掘动漫艺术的商业潜力。在信息时代，数字媒体技术的应用丰富了动漫艺术的内容和表现形式，在传播过程中也提高了动漫艺术的商业影响力，有助于挖掘动漫产业的商业潜力。因此，动漫艺术中，发挥好数字媒体技术的优势，可以优化与创新动漫作品的创作，提升动漫产品的商业价值。②

## 二、大数据时代动漫艺术文化传达体系的形成

在传播工作中，话语权是信息传播主体发挥现实影响力的重要工具，然而赢得话语权的前提是建立文化传达体系，进而提升话语内容的公信力，如此才能使话语表达更加响亮且权威。③"实现中华民族的伟大复兴需要科学理论的引领，科学理论要被人民群众所掌握就必须生活化、大众化，而大众文化既是时代的精神图谱，又是话语转化的有形纽带"，"只有作为主体的大众的参与，其文本话语才能真正转化为实践话语和社会话语，大众顺理成章地成为话语实践和社会实践的主角，而不是文本话语被动

---

① 参考自：翁东翰.动漫设计中数字媒体艺术的创新应用探索［J］.大众文艺，2022（16）：64—66.
② 参考自：翁东翰.动漫设计中数字媒体艺术的创新应用探索［J］.大众文艺，2022（16）：64—66.
③ 参考自：翁东翰.动漫设计中数字媒体艺术的创新应用探索［J］.大众文艺，2022（16）：64—66.

的聆听者"。① 西南丝路文化生根于中国西南,我们应当追随根的方向深入探索其历史渊源,获取富有价值的信息以追溯自己的文化,运用"动漫艺术"创作方法贴近受众,制定个性化信息模式。② 巴拉巴西在《爆发:大数据时代预见未来的新思维》中提到,93%的人类行为是可以预测的,当我们揭开人类行为背后隐藏的模式,就会发现其实大家都非常相似。③ 因此,动漫艺术也可根据不同的受众、西南丝绸之路的不同层面,结合大数据技术,提高传播的广度与深度。

1. 由"面"传播精准到"点"传播

传统的新闻传播学研究有一个特点:研究使用的都是随机抽样的属性数据,在研究影响关系的时候,所有的影响因素都来自个人的属性,而脱离了他所处的群体。④ 比如,以往对于西南丝路历史文化故事的宣传大多以纪录片、新闻片为主,即使有少部分动漫作品,也无法摆脱教育为主的刻板印象。西南丝路历史文化故事丰富多彩、包罗万象,但如今仅有一小部分专业学者对其感兴趣并进行相关研究,传统的纪录片、新闻片也很难提起大众尤其是青少年的兴趣,因此要对目标受众进行"定点投放"。"预测用户将采取何种行为,最好的办法是了解其意愿……大数据时代,数据智能使得很多想法变成可能,例如通过对于个体小数据

---

① 张谨. 习近平新时代中国特色社会主义思想在大众文化中的话语转化与现实意义 [J]. 长白学刊, 2021(02): 25-31.
② 参考自:翁东翰. 动漫设计中数字媒体艺术的创新应用探索 [J]. 大众文艺, 2022(16): 64-66.
③ 艾伯特·拉斯洛·巴拉巴西. 爆发:大数据时代预见未来的新思维 [M]. 马慧, 译. 北京:中国人民大学出版社, 2012.
④ 沈浩, 黄晓兰. 大数据助力社会科学研究:挑战与创新 [J]. 现代传播(中国传媒大学学报), 2013(08): 13-18.

的分析,可以根据用户的爱好或人际情况定位品牌传播。"[1] 通过动漫作品表现形式的创新,提升用户观影体验的同时加深用户对西南丝路历史文化故事的再认识。

2. 反复利用相关数据构建有效数据链

在过去的文化传播过程中,受众仅仅只是被动地接收传播者想要传达的内容,其传播流程上的重点是丰富传播渠道,主要从内容、传播方式等入手。但是在信息技术快速发展的今天,如果只把受众当成接收对象,无疑是对资源的浪费。在"互联网+""云计算"等信息技术加持下的大数据时代,整个世界因媒介相连接,利用好受众,以数据"养数据",形成有利的"二次传播",便可通过大数据的"数据循环"模式,扩大宣传力度(见图 2—1)。[2]

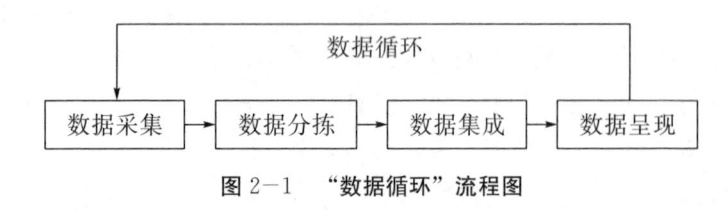

图 2—1 "数据循环"流程图

"数据循环"即在数据的采集、分拣、集成、呈现过程中,由各种数据来源、数据库、技术挖掘、数据合集组成一个环状数据体系,赋予大数据新闻持续的创新动力。[3] 大数据应用建设成数据库或相关数据模型并将其分为相关阶段,在各个阶段给予不

---

[1] 喻国明,王斌,李彪,等. 传播学研究:大数据时代的新范式 [J]. 新闻记者, 2013 (06): 22—27.
[2] 参考自:张露馨,支川."大数据"时代中国武术文化传播话语体系构建研究 [J]. 武术研究, 2022, 7 (03): 26—30.
[3] 喻国明,李彪,杨雅,等. 新闻传播的大数据时代 [M]. 北京:中国人民大学出版社, 2014: 21.

同的指导意见,可用不同的策略有针对性地处理各种问题。① 基于此,无论是宣传西南丝路历史文化故事的纪录片、新闻片,还是符合青少年受众喜好的动漫作品等,都可以加大对西南丝路历史文化故事的传播力度,从而使受众对西南丝路历史文化故事从好奇到探索再到扩大认知,使通过不同受众得到的不同数据形成一个自动化循环系统,不仅可以完善对受众群的个性化服务,也可让受众群成为传播群。②

### 3. 从"内外不一"向"内外一体"发展

过去的经验告诉我们,在信息时代与全球化时代,"内外不同"的模式是走不通的。"中国故事海外传播过程中时常遭遇'文化折扣'现象……本来对国内受众颇具吸引力的故事,却在海外传播过程中丧失了吸引力,一些西方国家受众对中国故事甚至进行'文化误读'和'对抗性解读'……片面强调'以我为主',直接导致'我们想讲的'与'国际社会想听的'故事背道而驰、相互断裂。"③ 对于这一问题,有以下几点应该注意:一是国内国外的文化传播要考虑到整体性。如果只将西南丝路历史文化故事按照自己的思维方式进行整理、传播,但未考虑不同国家历史文化发展形成了不同思维方式和表达习惯,那么将直接影响文化交流和信息传递。因此,要结合大数据技术和动漫艺术,因地制宜地增强内容的丰富性,从目标受众的文化背景出发编排内容,采用目标受众喜闻乐见的表达方式。二是规范传播内容。

---

① 杨逐原. 大数据时代少数民族文化传播研究 [J]. 新闻爱好者,2017 (06):80—83.
② 参考自:张露馨,支川. "大数据"时代中国武术文化传播话语体系构建研究 [J]. 武术研究,2022,7 (03):26—30.
③ 参考自:张露馨,支川. "大数据"时代中国武术文化传播话语体系构建研究 [J]. 武术研究,2022,7 (03):26—30.

"中国的国际传播要探索发展出符合自身特点的理论体系和操作范式，用中国的理论来指导实践、用自己的逻辑来应对挑战。"①即使用不同的方式表达，仍需站在自己的角度用创新的方式向世界讲述西南丝路历史文化故事。三是内外统一行动。在文化传播的时代，我们很难使用单一的国家或地区文化作为标签去指认某种单个的文化现象，相反，全球媒介文化传播的过程当中正在出现文化杂糅、文化转型、变异相互交织的新趋势。西南丝路历史文化故事源于中国，属于世界，用动漫艺术讲述西南丝路历史文化故事，可以打造一个和而不同、相互融通的文化环境。②

## 第三节　多元文化深度融合下动漫艺术的全新表达渠道和表达场域

在研究多元文化深度融合下动漫艺术的全新表达渠道和表达场域之前，首先需要对"多元文化"这一概念有个初步认知。在"多元文化"中，每个"元"，最开始都是独立的个体，并不知晓其他"元"的存在，这就是我们熟知的"一元文化"。而"多元文化"，从字面上看，是指不同的"一元文化"聚合成的文化，虽然是多个"一元文化"的聚合体，但不代表这些文化在聚合之后就完全一致了，而是依旧还保持着自身的特点，彰显着"一"和"多"的辩证统一关系。这也就是我们常说的，文化的多样性以统一性为前提，而文化的统一性又以多样性为基础，从而构成了文化的统一性与多样性的矛盾统一。首先需要明确的是，不管

---

① 刘滢，伊鹤. 回顾与前瞻：国际传播研究的新思考、新概念与新路径 [J]. 新闻与写作，2021（03）：86-90.
② 参考自：张露馨，支川. "大数据"时代中国武术文化传播话语体系构建研究 [J]. 武术研究，2022，7（03）：26-30.

第二章　西南丝绸之路历史故事深层延续与动漫创新融合发展的必要性和可行性

是何处的文化，其产生的源头和发展历程总有一定的相似之处。这是因为一定的物质基础、生产方式和社会形态是文化形成的基础。纵观世界上我们所熟知的几大文明的发展历程，会发现它们也都十分相似：都经历了从石器时代到封建社会的过程。这也就意味着这些时代的代表性文化会有很多共同特征。不同文化的起源及其现实载体使得它们可以随着人类社会的发展而共同发展，并且表现出一定的同一性，同时人与人关系的本质又使得这些不同的文化处处体现着相近的精神底蕴。如今，随着生产力尤其是科技的发展，以往相互隔绝的各个文化之间的联系逐渐密切起来。文化之间的同一性不仅能让不同文化之间和谐相处、共同发展，还使不同的文化可以互相取长补短，共同决定事物发展的基本趋势。所以，多元文化深度融合对于动漫艺术发展的作用在于，它把矛盾着的方面联结起来，使"事物处于相对稳定状态，提供矛盾双方得以存在和发展的条件，从而孕育着扬弃旧的矛盾的条件"[①]。多元文化深度融合下的动漫艺术必然会开辟出与以往完全不同的表达渠道与表达场域。

## 一、新媒体成为动漫艺术的全新表达渠道

新媒体以互联网为基础，以交互传播为特点，但并没有一个确切的概念，而是随着信息技术的发展不断扩大外延。随着科学、技术不断地进步和发展，新媒体逐渐取代传统媒体的主导地位，成为这个时代的焦点。在新媒体快速发展的趋势下，动漫艺术也被其深深地影响着，不同于以前依靠传统的电视、书籍等媒介，如今动漫艺术已离不开新媒体的应用。

---

[①] 马克思恩格斯选集：第 3 卷 [M]. 北京：人民出版社，1979.

## （一）新媒体对动漫艺术的影响

随着新媒体技术的不断发展，许多行业都受到了或大或小的影响，动漫艺术领域在这方面具有非常典型的表现。伴随着科技发展而诞生的新媒体具有多样性、交互性、广泛传播性等特征，而且目前正在迅猛地发展之中。新媒体对动漫艺术的影响，有利有弊，面对如何借助新媒体来加快促进动画产业的发展这一问题，需要我们持以发展的眼光。动漫艺术的创作是通过"技艺"实现的，也就是技术和艺术的有机融合。[①] 艺术方面自不用多说，自动漫艺术诞生以来产生了大大小小许多个流派，这方面所呈现的变化并不大。但是在技术层面，动漫艺术的创作方法、内容形式、传播途径都发生了翻天覆地的变化。随着多种新媒体的崛起，动漫艺术在创作和设计方面不断突破，通过新形式、新内容，带给观众焕然一新的艺术享受。总的来说，新媒体对动漫艺术的影响主要体现在传播力、交互性、娱乐性三方面。

### 1. 新媒体的传播力对动漫艺术的影响

过去动漫艺术的传播只能依靠电视、书籍等传统媒介，比如动画片只能在电视上播出，漫画作品只能印刷成漫画书出版，再或者制作成电影在电影院播放，这些方式不仅耗资巨大而且过于单一。对于没有雄厚资金支持的普通动漫创作者来说，就算创作出了优秀的动漫作品，也无法通过大型的传统媒体和受众见面。不过，这种情况在新媒体出现以后有了极大的改善，随着传播门槛的降低，许多优秀的个人作品也通过新媒体与受众见面。这种新型传播方式，降低了传播成本，丰富了传播形式，使得许多动

---

① 参考自：侯利涛. 探析新媒体时代下动画制作的发展与传播［J］. 传媒论坛，2021，4（17）：70—71.

第二章　西南丝绸之路历史故事深层延续与动漫创新融合发展的必要性和可行性

漫创作者利用新媒体平台将作品广泛传播，也使得越来越丰富的动漫作品影响着越来越多的观众。新媒体的传播能力还不止利于宣传动漫艺术本身，动漫还能通过新媒体的宣传，衍生出完整的文化产业链，比如周边产品、与其他品牌的联动等。①

2. 新媒体的交互性对动漫艺术的影响

新媒体最突出的特征之一就是交互性。过去，动漫艺术的传播流程大致分为"创作—展示"两大部分，受众只能通过电视、书籍等传统媒介被动接受，产生的讨论也局限于身边的小圈子，很难反馈给创作者，创作者和受众之间极少交流。如果创作者得不到观众的及时反馈，不仅不利于创作者继续创作出好的作品，而且这种单向的传播，也是不利于动漫艺术发展的。不过，在新媒体不断发展的今天，动漫作品通过新媒体发布，受众在欣赏过作品之后可以借助新媒体的社交功能将自己的想法和意见以留言的方式反馈给创作者，创作者可以根据意见进行修改，也可以借助这一功能向受众阐释自己的作品，让受众能更好地理解，由此可以实现创作者与受众的交流。对于创作者来说，这种观众在线评价模式可以让其在后续的创作中不断完善剧情、创新场景设计，创作出更加符合大众审美的动漫作品。②

3. 新媒体的娱乐性对动漫艺术的影响

新媒体作为一种新兴的媒介，其自产生之初就和广大群众有着密切联系，娱乐大众是其重要任务之一，而其娱乐性对动漫艺术的影响主要表现在丰富了动漫艺术的制作手法，呈现夸张的造

---

① 参考自：侯利涛. 探析新媒体时代下动画制作的发展与传播［J］. 传媒论坛，2021，4 (17)：70—71.

② 参考自：侯利涛. 探析新媒体时代下动画制作的发展与传播［J］. 传媒论坛，2021，4 (17)：70—71.

型、可爱的配音等。比如，在经典小品的基础上增加夸张的动漫形象，利用 Flash 软件技术将经典小品与搞笑幽默的画面结合，开创动漫创作的全新道路。① 这样的形式使得动漫艺术的制作不再单一，作品的娱乐性进一步提升。

## （二）新媒体对动漫艺术的负面影响

新媒体在为动漫艺术的发展带来机遇的同时，也为动漫艺术带来了一些挑战。新媒体让动漫艺术更具生机与活力。在如今的快节奏生活中，"快餐文化"盛行，很多人满足于一些浮于表面的信息，不愿意去深入思考，这样就导致创作者为了迎合大众喜好去创作一些浅层次的作品，使动漫艺术缺少创新性以及艺术性。因此，我们需要辩证地看待新媒体对动漫艺术的影响，既要看到新媒体为动漫艺术的发展注入了活力，使其能够蓬勃发展，也要对其缺点和不足有一个清楚的认识。新媒体的急剧发展使其已经渗入人们日常生活的方方面面。而一些创作者为了迎合受众、提升人气，不惜借助各种流行的媒介手段，复制、传播热门的信息，强烈地刺激人们的感官，以图赚取高额利益。而新媒体作为动漫艺术崛起的强心剂，不可避免地使一部分动漫作品沾染上了功利色彩，在利益交换中失去了它特有的审美价值，从一件艺术品变成商品。由此可见，新媒体技术在这个新的时代对于动漫艺术创作来说是一把双刃剑。②

---

① 参考自：侯利涛. 探析新媒体时代下动画制作的发展与传播［J］. 传媒论坛，2021，4（17）：70—71.
② 参考自：侯利涛. 探析新媒体时代下动画制作的发展与传播［J］. 传媒论坛，2021，4（17）：70—71.

## 二、多元文化深度融合下动漫艺术表达场域的建构

一部好的动漫作品既要有独特的艺术个性，同时要有良好的业内评价，最后还要具备可观的市场收益，而这些多方面的因素处于一个动漫场域之中，我们可以称之为"动漫场"。"一个场域可以被定义为在各种位置之间存在的客观关系的一个网络（network），或一个构型（configuration）。"①

法国社会学家布迪厄认为：文化资本可以以三种形式存在，包括具体的状态、客观的状态、体制的状态。其中，"客观的状态，即以文化商品的形式（图片、书籍、词典、工具、机器等等）存在，这些商品是理论留下的痕迹或理论的具体显现，或是对这些理论、问题的批判，等等"②。动漫艺术作为文化艺术的一个分支，是客观存在的文化资产，同时因其处于市场之中参与交换，也具有一定的商业价值。谁能够创作出优秀的动漫艺术作品，谁就会在市场上积累起自己的文化资产。动漫艺术在物质层面是可以传播的，比如可以复制、下载等，但对一部作品的欣赏和消费却是不能随意传递的，它取决于观看者自身的文化积累和欣赏能力，是一种象征性的力量。动漫艺术作品在与观众见面之前必须要经过影院对作品的拷贝、观众下载影片或者付费购买电影票等流程，这一流程体现出动漫艺术物质性、经济性的一面；同时，它又具有高于物质性的象征意义，创作者会对作品价值进行评估，继而找寻一种能够获得最大收益的方式去实现它的价值（比如定制分级服务），然后转变为市场利润或经济资本。

---

① 李猛, 李康, 邓正来. 实践与反思——反思社会学导引 [M]. 北京：中央编译出版社, 1998：134.

② 包亚明. 文化资本与社会炼金术——布尔迪厄访谈录 [M]. 上海：上海人民出版社, 1997：123.

随着动漫市场的兴盛，动漫艺术在借助市场快速发展的同时，也深深地陷入了市场与权力的旋涡中，一方面它需要同市场上其他类型的影视作品进行票房竞争，同时还要进行文化产业链的构建；另一方面还要受到政策规范的约束，接受监督审查。两方面共同构成了文化资本的决定权。"文化资本是作为斗争中的一种武器或某种利害关系而受到关注或被用来投资的，而这些斗争在文化产品场（艺术场、科学场等）和社会阶级场中一直绵延不绝。"[1]

在如今的经济形势下，经济资本逐渐成为动漫艺术生产过程中的主导者，影响着动漫作品的得益分配。不同影片中所注入的资本是不同的，随之产生的结果就是呈现出不同的视觉效果，这也是一种经济场侵犯动漫场的体现。如，2006年《魔比斯环》耗资1.3亿元仅获得365万元的票房，2010年《超蛙战士之初露锋芒》投资5000万元仅获得803万元票房，而2009年《喜羊羊与灰太狼之牛气冲天》以600多万元的投资创下了8000多万元的票房纪录。[2] 资本对动漫艺术的影响是深远的，但这种影响并不是绝对的，一部好的动漫作品终究是艺术大于技术的。"当我们再次强调配置的原则有赖于场域的结构和功能时，并不是要退回到任何形式的经济主义。在文化和艺术场域有一种特定的经济，它基于某种信仰的特殊形式。"[3] 所以说，动漫场中的经济元素并不是纯粹的，它也具有一定的文化使命，只有实现好经济元素的文化使命才能让更多的经济资本进入动漫场，从而促进动

---

[1] 包亚明. 文化资本与社会炼金术——布尔迪厄访谈录 [M]. 上海：上海人民出版社 1997：200.

[2] 周才庶. 当代中国动画电影的场域解读 [J]. 当代电影，2013（03）：131-134.

[3] Pierre Bourdieu, *The Field of Cultural Production—Essays on Art and Literature* [M]. Edited and Introduced by Randal Johnson, Cambridge UK：Polity Press, 1993, p.35.

## 第二章　西南丝绸之路历史故事深层延续与动漫创新融合发展的必要性和可行性

漫艺术的发展。在动漫场中，不仅有经济场的作用，政策的影响也十分重要。2009年，中国动漫集团在文化部文化市场发展中心和中国演出管理中心基础上成立，2011年起制作并在央视播出了三届动漫春节联欢晚会；承办由文化和旅游部主办的中国国际网络文化博览会，创办了中国卡通形象营销大会、数字艺术产业高峰论坛等特色活动；在北京、湖北和江西等地联合开展动漫科技产业园、文旅综合体建设。在文化艺术高端人才培训、艺术品展览等经营管理方面积累了丰厚经验；定期编发智库产品《国漫研究》（动漫行业月报）。2018年获中关村高新技术企业称号，2019年起连续3年获中国VR50强企业称号。[①] 同时，近几年来，中国举办了多届国际动漫节，这些活动既宣传了中国动漫的众多形象，检阅了近年来中国动漫的发展业绩，又植入诸如拍卖、模仿秀、游戏策划等商业活动，产生了良好的经济效益。[②]

　　动漫艺术是以绘画为基础的，因其自身的特点，动漫艺术最早在中国被称为动画电影。随着人们审美观念的发展，动漫艺术的创作不再局限于绘画的技巧，同时还对音响和影像有了一定的要求。不过动漫艺术最本质的问题是无法通过技术的提升来解决的。在动漫艺术的创作过程中，技术条件仅仅是工具，真正能够让动漫艺术具备审美价值的是其故事创意、人物塑造以及作品所具备的艺术品格与文化精神。南斯拉夫动画电影大师杜·伏科蒂克曾指出："动画不受物理法则的约束，它也不为客观真实所奴役。它无需要模仿现实生活而只需解释生活。"[③] 动漫艺术不同

---

　　① 文化和旅游部政府门户网站.中国动漫集团有限公司［EB/OL］.mct.gov.cn/gwyhb/jgsz/zsdwjgs2/201903/t20190315_837782.htm.
　　② 参考自：周才庶.当代中国动画电影的场域解读［J］.当代电影，2013（03）：131-134.
　　③ 伏科蒂克，楚汉，汪海，谌三.动画电影剧作［J］.世界电影，1987（06）：71-80.

于其他类型的影片，在故事写作和人物形象塑造方面可以脱离现实的束缚，可以用天马行空的想象力以特殊的方式对生活做出解释。《大理寺日志》是中国动漫发展中一个成功的案例，它虽没有绚烂的画面，但是李饼、武明空、崔倍、来俊臣、丘神纪等多个角色造型各具特色，情节内容不乏温情、幽默、智慧等多种人文关怀，深受观众喜爱。

置身于资本和权力斗争中的动漫艺术需要将目光放长远，不应该只局限在场域内的斗争，而是要思考如何提升自己的艺术水平。"文化生产场的自主程度，体现在外部等级化原则在多大程度上从属于内部等级化原则：自主程度越高，力量的象征关系越有利于最不依赖需求的生产者。"[1] 对于动漫艺术的创作者来说，如果想要在动漫场中尽可能多地获得自主权，就需要尽可能摆脱外部阻碍。在资本与权力的夹击中，获得自主权是一件困难的事情，但它对动漫作品本体性的艺术创作有重要的作用。[2] "艺术家获得的自主性从根源上说，既取决于他们作品的内容，也取决于他们作品的形式。这种自主性暗含了一种对俗世必需之物的屈服，艺术家认定的德操就是超脱于这些必需之物的，他们的方式就是自诩完全有权决定艺术的形式，然而，他们付出的代价却是同样一点不少地放弃了艺术的其他职责。"[3] 艺术创作的理想状态就是"为了艺术而艺术"，不掺杂任何其他的社会责任。但是艺术自始至终都不是独立发展的，或多或少地受到政治经济的影响，绝对的自主性必定不存在，在如今的社会环境中，动漫艺术

---

[1] Pierre Bourdieu, *The Rules of Art: Genesis and Structure of the Literary Field* [M]. Translated by Susan Emanuel, Cambridge: Polity Press, p. 217.

[2] 参考自：周才庶. 当代中国动画电影的场域解读 [J]. 当代电影, 2013 (03): 131-134.

[3] 李猛, 李康, 邓正来. 实践与反思——反思社会学导引 [M]. 北京：中央编译出版社, 1998: 151.

第二章 西南丝绸之路历史故事深层延续与动漫创新融合发展的必要性和可行性

的创作必然置身于某个关系交错复杂的场域之中,或多或少地屈服于世俗的牵制。比如,动漫作品不能只考虑艺术价值的实现,还得考虑观众的接受程度以及票房收益。"由于观众的规模为独立或从属于'大众'的需要、市场的限制以及非功利价值的认同提供了良好的尺度,它无疑构成了在场中占据的位置的最确定和最清楚的指数。"① 在电影市场中,观众的喜好是投资方和创作方最大的关注点,受到观众喜欢的作品不仅能够使投资方获得丰厚的收益,也能够让创作者获得知名度,观众的认可为影片的成功提供重要支持。同时对观众来说,高质量的动漫作品能够让观众更容易沉浸其中,获得更好的审美体验。动漫艺术的发展之路,就在于从业者们看到动漫作品作为文化资本的本质,从而在动漫场的角逐中创作出真正具有艺术魅力的作品。

## 第四节 "优越性"元素在动漫创作具体化表达中的融入

### 一、色彩之美:"五行色"的运用赋予动画色彩基调

源自"五行说"的"五行色"是中国古代特有的一种主流的色彩观,其产生于西周,完善于唐朝,曾经被古代各个阶级广泛运用,后来逐渐被统治阶级抛弃,而在民间获得更广泛的运用。"五行色"从字面意思来看是指五种颜色,分别是:白、黑、红、

---

① 伏科蒂克,楚汉,汪海,谌三. 动画电影剧作 [J]. 世界电影,1987 (06): 218.

黄、青（蓝色或绿色）。这五种颜色通过不同的配比，可以混合出几乎世界上所有的颜色，但是"五行色"真正的魅力却在于它的纯粹和简洁，任何的色彩混合都无法得到纯正的"五色"。"这五种纯色被运用在民间艺术中不仅仅是象征含义，更有着朴实的民族性特征，即鲜明欢快用补色，大红配翠绿，明黄配暗紫，黑色白色都是矛盾色，既象征着凄凉又代表崇高神秘，青色代表希望、祥和。"[①] 民间习俗成为民间色彩的主导，《周礼》中明确规定，五色为正色，为尊，五色两两相配产生的颜色为间色，为卑。

传统民间艺术对色彩的运用参考了中国广为流传的"五行"之说。在中国的传统文化中，"五行色"是以东方为青色主木，西方为白色主金，南方为赤色主火，北方为黑色主水，中央为黄色主土。中国民间艺术的审美很多是建立在"五行色"的基础之上的，由"五行色"进而演变出形式多样且色彩丰富的民间艺术成果。西南丝绸之路沿线的壁画、建筑、绘画等艺术作品，其色彩搭配就深受古代传统色彩运用法则影响，这也直接影响了后世的动漫作品的色彩选择。色彩作为动漫表现形式最直观的视觉感受之一，在满足基本的角色造型审美要求的同时，也可以通过颜色与颜色之间的规律性组合，达到解释角色内在性格与情感的目的。动漫从传统民间艺术中汲取养分来丰富表现形式，需要创作者对每一种民间艺术形式中的色彩使用规律都有较为深刻的认识。要想领悟中国传统文化中对颜色的理解与使用，需要从这一艺术形式具体的使用场景、民俗文化与社会价值的角度去考虑颜色之于受众心理与价值观的意义。

在优秀的动漫角色造型设计中，色彩的运用不仅要符合中国人在色彩观念上对角色性格与精神风貌的心理预期，同时也应使

---

① 裴凤. 五行色在当代油画中的运用和重构[J]. 艺术与设计（理论），2017（03）：105.

第二章　西南丝绸之路历史故事深层延续与动漫创新融合发展的必要性和可行性

动漫艺术表现形式更具民族性特征。[①] 在《大闹天宫》中,"孙悟空"这一角色形象的面部造型设计借鉴了戏曲艺术中的"脸谱"元素,运用了大面积象征正义与勇敢的红色(见图2-2)。在《天书奇谭》中,"袁公"这一角色形象在参考了传统民间艺术年画的审美形式后,通过简化线条以符合动漫创作审美需求,符合了"袁公"不畏教条礼法、造福人间的正派形象(见图2-3)。

图2-2　《大闹天宫》中的孙悟空

图2-3　《天书奇谭》中的袁公

---

① 参考自:李倩."中国学派"动画中"英雄"角色的民族性研究[D].重庆邮电大学,2021.

主要角色在动漫中往往承担着重要功能，如推动情节发展、表现时代精神、升华作品主题等，所以这一类角色的造型设计往往会花费主创团队更多的精力。无论是从年画、皮影、戏曲还是何种艺术形式中提取造型元素，都要遵循该种艺术表现形式中基本的色彩使用规律，这是动漫与民间艺术结合中展现审美风格最直接的方式之一。①

## 二、形体之美：民间艺术赋予角色形体设计的高识别度特征

中国一些经典动漫作品在角色造型上始终秉持着中国特色的民族个性与精神内涵。其中，敦煌壁画对早期中国动漫的角色造型影响最为深刻，不同时代背景下对同一动漫角色造型的不同演绎，是对当时大众审美的具象化符号特征的一般表现。动漫角色的具体塑造不仅需要同时考虑到角色本身承载的艺术之美和叙事需要，更需要考虑到能让观众通过视觉就可以获得情感上的共鸣。②

"孙悟空"的形象在中国传统文化艺术中是十分经典的，在动漫中，该经典形象的形体之美体现出了动漫创作者对版画、年画、戏曲等民间元素的提炼。中国动漫发展的一百多年来，不同时期的"孙悟空"的形象承载着不同时代的艺术表现形式，同时也表现出了不断发展的审美需求。③

---

① 参考自：李倩."中国学派"动画中"英雄"角色的民族性研究［D］．重庆邮电大学，2021．

② 参考自：李倩."中国学派"动画中"英雄"角色的民族性研究［D］．重庆邮电大学，2021．

③ 参考自：李倩."中国学派"动画中"英雄"角色的民族性研究［D］．重庆邮电大学，2021．

另外，中国动漫创作也大量借鉴了中国戏曲艺术作为表现形式。在戏曲表演中，要求"戏技结合"的"程式"动作有较强的技巧性，"念、唱、做、打"为四功，"眼、手、身、法、步"为五法。戏曲动作将生活中的一些行为、情绪浓缩成一套适合舞台表演的动作，例如扬鞭打马，表现喜悦情绪时抖动帽翅、悲伤时甩动头发、愤怒时甩动水袖。这些符号化的动作能够很好地起到装饰、美化等艺术性作用，同时这些简单常见的动作，也具有一定的观众友好度。"程式性"的规范动作不仅形成了戏曲艺术独特的舞台风格，也方便其他艺术形式在借鉴戏曲的表演程式时找到切入点。[1]

## 三、造型之美：传统文化元素在人物面部设计中的转化

面部设计是角色造型设计中十分关键的一部分，特定的面部造型与表情特征都能使动漫形象更加生动。比较常见的是年画、戏曲、民间玩偶等艺术元素在动漫角色造型中的应用，这些从传统文化中汲取的艺术养料最能引发观众在观影过程中的情感共鸣。

例如《哪吒闹海》中的哪吒是一个富有正义感的形象。在哪吒形象的塑造中，角色整个面部轮廓富态圆润，发髻对称，眉如利剑，一双大眼睛充满智慧，将一个疾恶如仇的形象展现在观众眼前。作为中国首部剪纸系列动画片的《葫芦兄弟》，在角色的造型设计上充分借鉴了民间的剪纸艺术。葫芦娃的神态与被放大的面部表情有类似于工笔重彩画的效果，面部线条较为硬朗，具

---

[1] 参考自：李倩. "中国学派"动画中"英雄"角色的民族性研究[D]. 重庆邮电大学, 2021.

有一定的装饰性美感。

这些动漫形象的设计者在运用传统文化元素对角色进行人物面部造型设计的时候，深谙传统文化与动漫表现形式的融合之道，使角色灵动自然又带有强烈的民族风格。除了对传统文化样式的借鉴应用，还有很多创作者将自身对生活的感受与美的认识融入角色的设计中，形成对传统民间文化样式的审美与创新。[①]

动漫角色造型最能体现一部作品的审美特征与民族特征。在西南丝绸之路文化的对外传播过程中，动漫人物面部设计对传统文化元素的借鉴能够有效地将我国传统文化传播出去，同时基于近似文化的碰撞与影响而产生文化内部的变革与创新，这也是传统文化得以继承与发展的出路之一。

# 第五节 西南丝绸之路历史故事在动漫中的渗透和实现机理

## 一、通过西南丝绸之路历史故事在动漫创作中的渗透展现大国形象

丝绸之路在东西方文化交流中起到了至关重要的作用。在古老的丝绸之路遗迹中，人们发现了大量的罗马金币、波斯银币等当时在贸易过程中使用的货币，可见当时经济贸易的繁荣。经济贸易的开展，会带动各区域之间的文化交流活动变得频繁。古老

---

[①] 参考自：李倩. "中国学派"动画中"英雄"角色的民族性研究［D］. 重庆邮电大学，2021.

的贸易交流活动随着风沙消逝在历史的长河中，但是在这期间产生的历史故事与其精神内涵，一直熠熠生辉，对当下的文明交流具有一定的借鉴意义。

动漫作品《丝路传奇特使张骞》主要讲述了历史系大学生张璐和表弟小奇因缘际会，穿越时空重走丝绸之路，跟随张骞及其胡人随从一路见识并记录了各国的风土人情、物产地貌、经济政治等，见证了古代西域美丽的风光、奇异的风土人情、丰富的物产，了解了丝路沿途各国人民友好往来、互利互惠的动人故事，是当下的动漫创作发扬优秀传统文化，展示大国形象的体现。

近年来，我国的动漫艺术取得了长足的进步，优秀作品不断涌现，产量跃居世界前列，2021年中国动漫产业产值已突破1100亿元，年复合增长率达到20%，2022年产值突破1400亿元。同时动漫艺术也在不断地"破圈"传播，许多公益广告、文化产业在宣传时往往会选用极具亲和力的动漫形象。但同时，与日本等动漫产业发达的国家相比，我们依然缺少形象鲜明、内涵深刻的代表作。中国动漫艺术想要弯道超车，从中国上下五千年的文明历史里汲取营养，用动漫作品展示中国形象与传承中国精神是重要途径之一。

### （一）动漫形象是动漫艺术的直观体现

评价一部动漫作品成功与否的重要标准就是看动漫作品中有没有成功塑造给人留下深刻印象的动漫形象。一个成功的动漫形象不仅能够把人物的生理特征体现出来，同时还应该体现出角色所处时代的文化背景。随着时代的发展，动漫艺术的受众不仅仅是青少年，也包括成年人，因此在塑造动漫形象时要警惕"低幼化"，同时扩大目标受众的范围。动漫形象的塑造应该以唤起各个层次受众情感共鸣为目标。而对于中国动漫来说，我们深厚的传统文化、家国情怀等传统美德就是取之不尽用之不竭的源泉。

优秀的动漫典型,凭借其特有的号召力、传播,影响着一代又一代人。

鲜明、简洁、趣味化和拟人化是现代动漫形象的基本特点。纵观国内外的经典动漫形象,不难发现这些经典的共同点都是简单而准确、抽象但生动,都能给观众留下深刻印象和想象空间。比如,在日常经验中,语言是动漫形象传递信息的最主要的途径。但美国漫威公司的经典动漫形象树人格鲁特(见图2-4)却不会说话,他的台词只有"I am Groot"这一句。创作者之所以刻意将动漫形象设计成只会说一句话,就是为了让人们任意想象它想表达的意思,从而沉浸式参与到作品中来。

图2-4 美国漫威公司创作的动漫形象"树人"格鲁特

除了必须遵守的基本原则,想要塑造出成功的动漫形象还需要赋予其深厚的精神内涵和文化底蕴。不过值得反思的是，我们的一些优秀文化元素，已在其他国家的创作下声名远播，如美国迪士尼出品的动画电影《花木兰》，其场景细节充盈着浓郁的中国风情，虽然在形式上是满满的中国风，但是其精神内涵却被彻底西方化，中国元素也变成了宣扬西方思想的工具。《花木兰》既向中国动漫产业提供了中国文化元素开发的新思路，同时也向我们敲响了传统文化流失的警钟。如何破解有"花木兰"，却无《花木兰》的尴尬局面，是目前中国动漫产业亟待解决的问题。

（二）精神内涵是动漫艺术的灵魂

动漫形象不仅要有光鲜亮丽的外表，也要体现民族精神。动漫创作者必须具备高度的文化自觉和文化自信，才能够让中国文化和动漫艺术完美融合，才能让动漫艺术呈现出超凡的价值。中国动漫艺术未来的发展方向务必要把握好继承与创新的关系，同时必须要把握好国际关系和民族关系。

中华文化上下五千年，唐诗宋词、戏曲皮影、壁画塑像等艺术形式成为当代艺术家进行艺术创作时取之不尽用之不竭的源泉。中国动漫想要超过欧美、日本等国家，就应提炼出具有民族特色的文化元素，同时与当代动漫艺术进行融合创作。中国经典动漫作品如《小蝌蚪找妈妈》《宝莲灯》《美猴王》等，都是动漫艺术和民族文化结合的典范之作。

虽然我们大力提倡在动漫艺术中塑造具有中国特色的角色形象，但是这并不意味着我们要把传统文化照搬到动漫艺术的创作中去，我们应该处理好继承和创新的关系，利用现代的形式去传达优秀传统文化的精神内核。例如，国产动漫《熊出没》就以"环保理念"的创意植入走出了自己的道路，它通过"光头强"和熊大、熊二之间的有趣故事，在让小朋友看得开心的同时，也向小朋友传达了环保理念，一举成为中国动漫的知名品牌。

## 二、西南丝绸之路历史故事在动漫创作中的实现机理

西南丝绸之路是中国古代重要的商路之一，是连接中国内陆和东南亚、南亚、中亚及欧洲地区的贸易通道。作为中国文化的重要组成部分，西南丝绸之路历史故事一直是动漫创作中的重要主题之一。在动漫创作中，如何将西南丝绸之路的历史故事形象地展现给观众，是一个需要认真思考和研究的问题。

### （一）历史情境的重现：西南丝绸之路在动漫创作中的宏观实现机理

要抓住"一带一路"倡议下文化传播的需要和契机，将西南丝绸之路历史故事借助动漫创作传播出去。

1. 文化传承与创新的结合

西南丝绸之路历史故事作为中华文明的重要组成部分，承载着丰富的历史文化内涵和民族精神。动漫创作者在创作过程中，需要对历史故事进行深入的研究和挖掘，同时也需要结合当代文化语境和审美需求，将传统文化进行现代化的转化和创新。通过对历史故事进行解构和重构，动漫作品可以在文化传承和创新的双重作用下，更好地展现中华文明的独特魅力。

2. 视觉呈现的多样性

动漫创作是一种多媒体艺术形式，强调视觉呈现的效果和表现手法。在西南丝绸之路历史故事的动漫创作中，艺术家可以通过多样化的视觉手法，展现历史故事的情境和氛围，丰富作品的艺术表现力和感染力。例如，在人物形象的刻画上，艺术家可以

第二章　西南丝绸之路历史故事深层延续与动漫创新融合发展的必要性和可行性

运用不同的画风和造型，呈现历史人物的不同性格和时代气息；在场景的创作中，艺术家可以运用多种颜色和构图方式，展现历史时期的社会风貌和地域特征。

3. 文化共鸣与情感共鸣的引发

西南丝绸之路历史故事是中华文明的重要组成部分，也是中西文化交流的重要桥梁。在动漫创作中，艺术家可以通过对历史故事的表达，引发观众的文化共鸣和情感共鸣。观众可以通过动漫作品，感受到历史故事所蕴含的文化精神和人文关怀，体验到中华文明的独特魅力。

4. 商业运营与市场营销的支持

在西南丝绸之路历史故事的动漫创作中，商业运营和市场营销的支持是至关重要的。制片公司可以通过对动漫作品的推广和营销，提高作品的知名度和受众数量，从而增加作品的商业价值和盈利能力。

为了实现商业运营和市场营销的目标，制片公司需要在动漫创作的过程中进行市场研究和受众需求分析，以确定目标受众和作品的风格定位。同时，制片公司还需要制定合理的营销策略和宣传方案，利用社交媒体、广告等渠道，吸引观众的注意力，提高作品的曝光率和口碑。此外，制片公司还可以通过授权、衍生品开发等方式扩大作品的商业价值。通过授权，制片公司可以将作品的版权授权给其他公司或个人进行衍生品开发、漫画改编、游戏开发等，从而获得收益。同时，制片公司也可以自主开发衍生品，如周边产品、游戏等，提高作品的品牌价值和商业价值。

总之，商业运营和市场营销对于动漫创作来说是至关重要的。制片公司需要在动漫创作的过程中注重从商业运营和市场营销角度考虑，从而实现艺术作品的有效商业化。

## (二)历史与想象的碰撞：西南丝绸之路历史故事在动漫创作中的微观实现机理

中国动漫自探索初期就一直受惠于丝路文化，之后的发展，或直取典故素材，或承其思维精神，所得成就很大部分都与丝路文化有着千丝万缕的联系。这其中不乏个性鲜明，具有浓厚西域文化、中原文化与西方文化三者融合特色的历史人物形象；亦不乏传承古朴艺术，具有极强形式美及装饰美的视觉画面美术风格；不乏源自乡土，寄予广大劳动人民美好愿望的民间英雄传奇话题；更不乏不畏困苦、博采众长、追求卓越的勤勉探索创新精神。例如继承原作敦煌壁画（其正是融汇了中西方文化，特别是佛教文化的艺术风格特点的集大成者）《九色鹿本生》的《九色鹿》，以及来源于当地少数民族民间故事的《阿凡提》系列、《善良的夏吾东》和《快乐的买买提》等，皆为丝路文化资源在中国动漫创作中华丽精彩呈现的典型代表。[1] 在微观层面上，西南丝绸之路历史故事在动漫创作中的实现机理主要体现在以下几个方面。

### 1. 角色设计和表现

动漫创作过程中的角色设计和表现是非常重要的，它能够直接影响观众对故事情节和历史事件的理解和认知。在基于西南丝绸之路历史故事的动漫创作中，角色的设计和表现需要与历史背景相符，同时也应当具备故事情节所需要的特点。例如，在描写唐代的丝绸之路时，可以通过塑造唐朝官员、商人、文化人物等多种角色，展现当时的政治、经济、文化状况，以及人物之间的

---

[1] 参考自：米高峰，刘晶莹. 试论本土动画创作中丝路文化资源的挖掘[J]. 美术大观，2011（07）：102.

关系等。同时，还可以通过角色的言行举止、服装和饰品等细节来表现不同文化和民族之间的差异，从而让观众更好地理解历史和文化背景。

2. 色彩和画面风格

在动漫创作中，色彩和画面风格也是非常重要的因素，它们能够直接影响观众的感受和情绪。在西南丝绸之路历史故事的动漫创作中，色彩和画面风格需要根据故事情节和历史背景进行选择和调整。例如，在描绘西南丝绸之路的景象时，可以运用鲜艳的色彩和华丽的画面，表现出当时的繁荣和美好。而在描写历史事件和社会冲突时，则可以运用较为暗淡和沉重的色彩和画面风格，以表现出历史的严肃和复杂性。

3. IP产业链开发

根据经典IP（Intellectual Property，知识产权，简称IP）进行周边产品的开发，为西南丝绸之路相关文化生态整体赋能。动漫产业的衍生价值在很大程度上取决于IP文化及其周边产品，所以优质IP是动漫产业得以持续发展的重要因素。在西南丝绸之路的文化传播中，优质IP不仅能够促进文化产业变现，更是多种文化积极碰撞的精神符号的具象化体现。

4. 故事情节和叙事方式

在动漫创作中，故事情节和叙事方式也是非常重要的两个方面，它们能够直接影响观众对故事和历史的理解和认知。在西南丝绸之路历史故事的动漫创作中，故事情节需要根据历史事件和人物进行选择和调整，同时还需要具有一定的戏剧性和叙事技巧，以吸引观众的注意力。例如，在描写唐代丝绸之路时，可以通过多种角度和手法，如穿插叙述、回溯叙述、双重叙述等，展现唐代丝绸之路的历史风貌和文化内涵。另外，对于历史人物的描写也需要兼顾历史真实性和艺术创作的需要，既要准确还原历史人物的形象和事迹，又要在人物性格、心理和情感方面进行深入挖掘和表现，以增强故事的感染力和艺术性。同时，在动漫创作中，还需要注重情节和画面的协调配合，以营造出逼真的历史背景和人物形象。例如，在描绘丝绸之路上的商旅时，可以通过画面上的细节表现来体现商旅的生活方式、文化特点和物质生活状况。此外，还可以利用配乐、音效等手法来加强气氛的营造，增强观众的情感共鸣。

总之，在西南丝绸之路历史故事的动漫创作中，需要综合运用历史知识、艺术手法和叙事技巧，以达到还原历史事实、弘扬民族文化、提高观众历史认知和审美素养的目的。

## 第六节 实践主体和文化客体之间"自我"与"他者"交互中的"传承创新"

动漫艺术创作是实践主体和文化客体之间的相互作用，是自我与他者交互过程的重要体现。在动漫艺术的创作过程中需要实践主体对文化客体有一定的了解和认知。实践主体需要对动漫艺术领域的历史、文化、技术、语言、人物、情节等方面进行深入研究，从而更好地理解和把握动漫艺术的特点和内涵。同时，实践主体还需要了解和熟悉动漫文化的观众群体，以便更好地满足他们的需求和期望。此外，动漫艺术创作也需要实践主体对文化客体的运用和创新。实践主体需要在传统动漫文化的基础上，不断探索和发掘新的创意和艺术手法，从而呈现出更具个性和创新性的作品。实践主体在动漫艺术创作中需要发挥自己的创造力和想象力，同时还需要了解和尊重动漫文化的传统和价值。最后，动漫艺术创作需要实践主体和文化客体之间的相互交流和互动。实践主体需要与观众、其他创作者以及动漫产业的各个方面进行交流和合作，从而更好地了解和把握动漫文化的发展趋势与未来方向。实践主体还需要通过与他人的合作，共同推动动漫艺术的传承和创新。

实践主体和文化客体之间的自我和他者交互是动漫艺术传承和创新的重要基础。只有在这种交互的基础上，动漫艺术才能不断发展和进步。

## 一、"天人合一"文化生态观念下的实践主体与文化客体的"物我交融"

"天人合一"的文化生态观念认为人与自然、社会之间存在着密不可分的联系，强调人与自然、社会应该和谐共生，实现"天人合一"的境界。在动漫创作中，实践主体与文化客体之间存在着"物我交融"的关系。钱穆先生认为：中国文化过去最伟大的贡献就是中国人把"天"和"人"合起来看。[1] 当代哲学家张岱年认为"天"有三种含义："一指最高主宰，二指广大自然，三指最高原理。"[2] 其中人与自然生态共荣这一理念仅是其中的一个重要思想。"立天之道曰阴与阳，立地之道曰柔与刚，立人之道曰仁与义"，这是《周易·系辞传》中关于天人关系的重要阐释。天与人的关系问题，一直是中国文化思想体系中不可缺少的一部分。[3] 建立人类和自然生命共同体是保护自然生态环境、

---

[1] 钱穆.中国文化对人类未来可有的贡献[M].北京：北京大学出版社，2005：270.

[2] 张岱年.中国哲学中"天人合一"思想的剖析[J].北京大学学报，1985(1)：1.

[3] 唐明邦.天人之学[M].北京：中央编译出版社，2013.

遵守自然生态规则，以平等的态度对待人类和万物，发挥人类的主观能动性，改善社会、追求幸福、提升价值观念的重要途径。张璪提出了"外师造化，中得心源"的思想，认为这是实现艺术实践的最重要方式。在"天人合一"理念的指导下，创作者将内在体验和外在实践结合起来，观察和认知自然界，寻找自然之美，并实现与自然的"物我交融"。

在"天人合一"观念的指导下，在动漫艺术创作过程中实践主体与文化客体之间的"物我交融"是非常重要的。实践主体需要深入了解自然和人文环境，以此作为动漫创作的素材和灵感源泉。通过对自然和人文环境的观察和理解，实践主体能够更好地创造出符合观众审美和情感需求的作品。在动漫作品《中国奇谭》中，第三集《乡村巴士带走了王孩儿和神仙》的创作灵感就来自作者童年时的亲身经历，不管是场景设计还是人物台词，创作者都尽可能地依照记忆还原出来，充满真实细节的画面不断唤起观众的回忆，让观众更好地沉浸在这个故事中。我们可以看到，如果不是真正经历过农村生活，是无法还原出如此真实的细节的，用细节打动观众也就无从谈起了。但是仅仅靠还原细节是无法创作出优秀的动漫艺术作品的，在实践主体与文化客体之间，需要通过"物我交融"来实现"天人合一"的文化生态观念，这意味着创作者需要将自己的情感、思想和观点融入作品中，让动漫作品产生灵魂。并且随着信息技术的发展，观众也可以将自己的感受和需求反馈给创作者，以便创作者以此为参考来不断改进和完善作品。

在动漫艺术创作过程中，"天人合一"文化生态观念下的实践主体和文化客体之间的"物我交融"，是一种相互依存、相互促进的关系。只有实践主体和文化客体之间"物我交融"，才能够创作出符合观众需求、引领文化潮流的优秀作品。

## 二、"人本思想"主张下实现"以人为本,创造为人"的动漫传承创新

动漫艺术和技术互相促进发展,正是人文关怀这一背景下的产物。技术的进步使得动漫制作更加多样化和高效化,能够让动漫作品更加丰富多彩,具有更强的表现力和真实感。同时,动漫作品的创作也为技术的发展提供了新的需求和应用场景,促进了技术的不断创新和提升。"以人为本,创造为人"的理念是在人的价值和尊严的基础上,以人为中心来推动企业的发展和进步。在动漫艺术中,这一理念要求我们关注动漫从业者和受众的需求和心理,尊重他们的创造性和个性特点,让动漫作品更加贴近人的生活和情感,更好地满足人们的审美需求。在这一背景下,技术的应用和创新不再是为了追求技术本身的发展,而是为了更好地服务于人,更好地表达人的情感和思想。这种以人为本的创作理念,不仅能够促进动漫艺术的发展,也能够使得技术的发展更加贴近人的生活和需求,为人类的进步和发展做出更大的贡献。

### (一)"以人为本,创造为人"是以历史社会中人类发展为核心的创作理念

"以人为本,创造为人"是一个重要的思想理念,强调人类是创造力的源泉和最重要的价值所在。这个理念提醒我们在各个领域的活动中,应该把人的需求和利益放在首位,尊重人的尊严和权利,为人类的福祉而努力。在社会发展和进步的过程中,经常出现把利益放在第一位,忽视人的感受和权益的情况。这种做法不仅容易引起社会的不稳定,而且也难以创造出真正有价值的成果。相反,如果我们将人的需求和利益放在首位,我们就会更加注重人类的健康、安全、教育、文化、艺术等方面的需求,以

及环境、资源、道德等方面的保护和发展。

在动漫创作中,这种理念的具体体现是创作者将自己的情感和思想融入作品中,通过动漫作品表现出对社会、对人性的思考和认知,从而使作品更具有人文价值。

## (二)人类的审美快感、观念和心理推动了动漫的创作和作品质量的提高

人类的审美快感、观念和心理是动漫创作中不可或缺的因素。创作者需要根据受众的需求和审美趋向,设计出具有吸引力的角色形象、场景和剧情,从而提高作品的艺术价值和质量。具体表现在动漫制作的主题、风格、表现形式等方面。

首先,在动漫制作的主题方面,"以人为本,创造为人"的理念要求动漫作品关注到观众的需求和利益。一些优秀的动漫作品如《爱丽丝梦游仙境》《猫和老鼠》《米老鼠》等,它们的主题都是围绕着人们的日常生活、情感需求等展开的。这些动漫作品可以让观众在轻松愉悦的氛围中获得情感满足,从而提升其生活质量。

其次,在动漫制作的风格方面,"以人为本,创造为人"的理念要求动漫作品能够展现出对人类文化的尊重和包容。例如,日本的动漫作品多种多样,从超级英雄到恋爱喜剧,从科幻到历史题材,每一部动漫都有自己独特的风格和文化背景,这些动漫作品的风格可以让观众感受到不同的文化体验,从而增强他们对文化多样性的认识和理解。

最后,在动漫制作的表现形式方面,"以人为本,创造为人"的理念要求动漫作品能够运用现代科技手段,提供更好的观影体验。例如,随着3D技术的发展,动漫制作的表现形式越来越丰富,不仅可以让观众感受到更真实的视觉效果,还可以提供更加丰富的声音和交互体验,从而满足观众对沉浸式娱乐体验的需

第二章　西南丝绸之路历史故事深层延续与动漫创新融合发展的必要性和可行性

求。此外，人们的观念和心理也会影响动漫作品的主题和风格。例如，当代社会强调自由和平等，这些观念也会反映在动漫作品中，强调人性、人的尊严和平等主题，从而更符合当代观众的审美需求。

（三）技术和动漫都是人文背景下的产物，二者互促发展，共生共长

技术和动漫的发展都是在人文背景下进行的。技术的进步为动漫提供了更广阔的创作空间和更多元化的表现手法，而动漫的发展也促进了技术的应用和创新，二者形成了相互促进的关系。

近年来，虚拟人技术的发展给动漫行业带来了重大变革。以迪士尼公司为例，该公司近年来开始使用虚拟人技术制作动画电影，这种技术能够让虚拟角色的表情和动作更加自然、流畅，给观众带来更加逼真的视觉体验。例如，迪士尼的动画电影《冰雪奇缘》就使用了虚拟人技术来制作主要角色，让人物的表情和动作更加生动有趣。同时，动漫行业的发展也催生了许多新的技术应用。例如，动画电影《狮子王》中的动物角色是通过计算机生成的，这种技术被称为计算机辅助设计（CAD），它可以让动画师更加方便地绘制复杂的角色和场景，提高动画制作的效率。此外，3D打印技术也被广泛应用于动漫制作中，可以制作出各种形状复杂的模型，让动漫形象更加逼真。

当代动漫创作也不断尝试融合不同的艺术形式，如音乐、文学、舞蹈等，这样的融合不仅能够为动漫作品提供更加多样化的表现手法，也可以促进不同艺术形式之间的交流和融合。总的来说，现代科技和当代动漫的结合推动了动漫艺术的新飞跃和新发展，为观众带来了更加多样化和高品质的作品。

# 第七节 "一带一路"背景下西南丝绸之路历史故事与动漫艺术融合发展的新机遇

"一带一路"是中国提出的重要倡议，旨在推动沿线国家的互联互通和经济发展。西南丝绸之路是其中一个可资利用的重要的历史文化遗产，也是中国和周边国家文化交流的重要桥梁。党的十八大以来，习近平总书记就中华优秀传统文化的价值和意义多次进行阐述。党的十九大报告也指出，坚定文化自信，推动社会主义文化繁荣兴盛。2017年1月25日，中共中央办公厅、国务院办公厅印发《关于实施中华优秀传统文化传承发展工程的意见》，文件中明确提出滋养文艺创作是实施中华优秀传统文化传承发展工程的重点任务之一，其中包括对动画片的扶持。在世界多极化、经济全球化、文化多样化、社会信息化的发展潮流下，习近平总书记提出在"共商、共建、共享"的原则下推动"一带一路"的建设发展，发掘各地区的发展潜力，促进各地区与世界市场更好地交流与融合。这条极具时代里程碑意义的发展之路为古老的"丝绸之路"注入了新鲜的血液。在"西部大开发""一带一路"两大发展建设的背景下，西南丝绸之路再次焕发生机。

## 一、西南丝绸之路历史文化与动漫艺术的融合：传承与创新

西南丝绸之路作为连接西南地区与印度、波斯和中亚的主要贸易路线之一，在古代中国发挥了举足轻重的作用。这条路线对于促进不同种族群体之间的商品、思想和文化交流至关重要。它有助于促进经济发展和文化融合，从而创造了多样化的传统和习

俗。为了保存和弘扬西南丝绸之路的文化，许多艺术家转向了动漫这一媒介。通过将历史故事和文化元素融入作品中，他们可以将过去几代人的知识和智慧传递给新的受众。动漫可以成为向年轻一代传达历史知识和文化意义的有效方式。如描绘沿线商人遇到的挑战，面临的艰辛和危险，观众可以从中更深入地体会到他们的勇敢和韧性。西南丝绸之路中的茶马古道就特别适合这种讲述方式，因为它是一条危险的路线，选择这条路线的商人有极大的勇气和决心。动漫展示文化交流重要性的另一种方式是突出西南丝绸之路沿线的文化融合。通过说明不同文化如何融合在一起创造新颖独特的东西，受众可以更好地感知人类经验的丰富性和多样性。这有助于促进文化理解，并激发观众探索西南丝绸之路地区文化遗产的兴趣。

除了促进文化理解，动漫还可以成为展示西南丝绸之路地区自然美景和丰富文化的有力工具。通过描绘该地区的风景、习俗和人民，创作者可以将这条古老贸易路线的许多奇迹带入大众生活，吸引观众欣赏西南丝绸之路文化遗产。总体而言，动漫可以成为向新一代观众宣传西南丝绸之路的历史、文化和意义的有效方式。

## 二、西南丝绸之路文化元素与动漫艺术的融合：创新与互动

西南丝绸之路是中国古代最重要的贸易通道之一，它将中国的西南地区和印度、波斯、中亚等地连接在一起，形成了广阔的贸易网络和文化交流平台。这条古道不仅促进了各民族之间的经济往来，更是推动了各民族之间的文化交流和融合。为了传承和弘扬传统文化，一些创作者将历史故事和文化元素融入动漫艺术中。例如，动漫作品《大唐游仙记》讲述了唐代的文人墨客在西

南丝绸之路上的历险故事，通过漫画、动画的形式将历史故事生动形象地展现出来，让受众更好地了解西南丝绸之路的文化魅力。动漫艺术有着自己独特的表现形式和艺术语言，可以通过多种方式呈现西南丝绸之路的历史故事和文化元素。例如，可以将茶马古道商人的故事改编成动漫故事，用动画的方式展现出商品贸易和流通过程，让观众更加直观地了解西南丝绸之路的历史。

此外，动漫艺术还可以通过游戏等方式让观众参与到历史故事中来，增强观众的文化体验和感受。例如，让玩家在游戏中扮演商人，行走在茶马古道上，体验贸易往来和文化交流的过程，更深刻地感受历史的价值和文化的魅力以及茶马古道上商人的艰辛和勇气，了解各民族文化融合的历史进程和西南地区的美景和风土人情，同时也可以了解西南丝绸之路的文化魅力，从而加深对中国传统文化的理解和认识。

找到西南丝绸之路有别于北方丝绸之路的文化因子，体味西南丝绸之路独特的文化意蕴，尤其将西南丝绸之路的马帮文化、盐文化、蜀绣文化等相关的历史故事作为切入点做深入挖掘，将"西南丝路历史故事"的深层延续与"动漫创新"的表达形式和内容相结合，在保持特色的基础上实现跨区域融合，可以为西南丝绸之路历史故事与动漫艺术融合发展提供新的机遇。

# 第三章 西南丝绸之路历史故事与动漫发展构建的影响机制和因素

## 第一节 媒介与文化、产业与市场、制作与传播之间的关系

### 一、媒介与文化：统一共生

考察社会的文化发展离不开对媒介的观照。通过媒介这个重要窗口，我们能够看到文化的走向。在当代以大众媒介所建构出的社会文化语境中，几乎所有的文化都已转变为大众文化。媒介与文化之间已经是"技"与"道"的统一与共生，两者之间的关系密不可分。

#### （一）文化是媒介的本质属性

根据马克思主义的文化学说理论，我们目前所熟知的媒介应归类于物质形态的文化，它是人类现实生产力不断发展的产物。第一次全面、准确论述文化的学者是英国的爱德华·泰勒，他这样谈论道："文化或文明，就其广泛的民族意义来讲，是一个复合整体，包括知识、信仰、艺术、道德、法律、习俗以及作为一

个社会成员的人所得的其他一切能力和习惯。"[1] 媒介作为文化的一部分，本身也就是一种文化，只是是静止的，其意义是相对固定的，不等同于原始时期的水车等文化形态，但同其他文化现象一样，有两个层面的含义：其一，新闻的真实性、及时性、新奇性等特点反映了人们的价值观念、审美情趣、价值取向，即所指；其二，印刷机器、激光照排与设备、传者、受者、法律、法规及运作方式共同实现了媒介的存在价值，即能指。[2]

媒介具有呈现、传递、阐释以及再造文化的功能。传统社会的媒介革新与文化的发展密切相关，媒介自身因此便拥有一种文化生长的时间保证，任何时代的媒介演变也都反映了文化不断向前发展的历程。一定的媒介总是与一定的文化紧密联系，比如在口传媒介年代，人际信息传递主要是依靠直接对话，不便于记录，从而无法实现大范围传播，并且受时空限制，人类的部落文化特征十分明显；而在印刷媒介时期，印刷术的发明为信息大范围传播提供了可能，使得人类社会加速变迁，原始的部落状态被解构，人们开始学会如何思考；在互联网时代，各种媒介终端推动形成的现场感和参与感打破了时空限制，开启了大众传播媒介融合的时代。从这个意义上讲，媒介还决定了人感知世界的方式，哪怕是同一种信息，通过不同的方式表达会产生不同的体验感。比如以文字或以画面的形式来表达，在人们内心所激起的意义体验及其方向和深度都会有所不同。

在传播学巨擘麦克卢汉看来，媒介就是一切人工制造物和一切技术，这是他提出的广义上的媒介。"媒介是人的延伸"，即拼音文字是从听觉空间向视觉空间的延伸，电子技术是从肢体向大

---

[1] Edward B. Tylor, *Primitive Culture: Researches into the Development of Mythology, Philosophy, Religion, Art and Custom* [M]. London: Bradbury, Evans, and Co., 1871, p. 1.

[2] 张国宏. 媒介与文化 [D]. 郑州：郑州大学，2000.

第三章 西南丝绸之路历史故事与动漫发展构建的影响机制和因素

脑的延伸，拼音文字、印刷术和电子媒介不但是媒介的三次演变，还是人的三次演变，这是他的媒介史观，也是他的文明史观。在麦克卢汉的眼中，文明史就是传播史，也是媒介演变史。[①] 文化性就是媒介的本质属性。传播动漫文化所需要的媒介，例如电视、报纸、广播、互联网等都带有文化属性，这些都基于人的创造。

（二）媒介是文化向前发展的助推器

麦克卢汉认为，媒介是社会发展的基本动力，一种新媒介的产生，将开创一个新的人类认知世界的形式，也就会催生出新的文化。文化的发展与传承离不开媒介，并且文化本身必须借助符号的表征才能实现，无论是最初的甲骨文还是现今的视听内容，都需要媒介的存在，媒介的影响渗透在文化的各个方面。就某种意义而言，文化也是我们所处的符号环境，而构成这个符号环境的就是媒介本身。媒介自身的发展代表了文化的发展过程，媒介的发展是人类文化事业和科学技术不断发展的过程，还是人类思维不断符号化的过程。如果将文化比作绵延不断地流动着的江水，那么传播媒介就是承载江水流动的河道，没有了河道的支撑，江水就会四处蔓延而最终消散殆尽，而少了江水，干涸的河道也就很难呈现出自身的价值。文化与媒介二者之间息息相关、相辅相成，是不可分割的一体。总之，传播媒介为文化的传播提供了可靠的载体，中华文明之所以能够不间断传承至今，众多的媒介承载着文化的传播是重要因素。无论是哪一种文化的产生，还是文化在任何时期的发展，始终都离不开媒介的推动作用。中国古代的四大发明中就有造纸术和印刷术，而这两类是古代文明

---

① 何道宽. 媒介即文化——麦克卢汉媒介理论批评 [J]. 现代传播（中国传播大学学报），2000（06）：25—31.

发展到一定阶段的产物，又成为文化迅速传播与发展的重要推力。

　　传统媒介有一个重要的特点，即对文化具有极其敏锐的嗅觉。新的文化形式一旦出现，媒介往往会在第一时间把握住民间社会的心理趋势与走向，通过自上而下的传播优势，对尚未成形的文化风尚加以推动，使之最终成为社会文化的引领者。例如《百家讲坛》就是传统媒介催生出的一个文化产品。但在传统媒介时代，由于文化传播的渠道有限，所产生的传播费用对社会大众而言无法承担，因此大众很难主动传播和宣扬本阶层创造的文化。只有精英阶层才能够承担起文化宣传与传播的巨额费用，因而，精英阶层在文化传播中始终牢牢掌握主动权。同时，由于传播渠道不通畅，民间大众文化与上层精英文化之间缺乏有效的沟通平台，民间文化也主要是依靠上层知识分子才能得到有效表达，自上而下的传播模式也导致民间文化很难上升到精英文化。因此，古代社会尽管民间文化丰富多样，却难以在短时期内形成一种社会风尚，直至达到影响上层社会的程度，其周期也会比现今社会久得多。

　　而在新媒体时代，媒介不断变革发展，打破了时空限制，为文化提供了无限的传播空间。现代文化也产生于新的媒介平台之上，继而通过各种媒介来相互传递。随着传播技术的迅速发展，手机、电脑、互联网等媒介载体的使用，为文化的大范围传播提供了更加快捷可靠的方式，也促使新的文化产生并向前发展。与此同时，传播主体明显增加，拓展了文化传播的渠道与途径，推动文化传播的速度不断加快，使得文化传播的成本也在不断降低，可以说是一种具有全新意义的革命。

### （三）媒介革新源于文化的多元化发展需要

媒介的革新不是自发的，而是随着文化在不断朝多元化发展和传播的过程中的即时转变，可以说正是文化发展的需要促进了传播媒介的革新，而媒介的变革发展又推动了文化的传播与传承。麦克卢汉认为媒介是延伸人类器官的所有的工具、技术和活动，范围极其广泛，将媒介本身的意义提到了一个新的高度，而一种新的媒介的制作与推广，其背后往往孕育了一种新的文化或文明。

作为人类文明的标志，文字是人类历史上伟大的发明。但在文字作为表意中介之初，也需要其他媒介作为中介，否则，文字就不会被广泛传播。因此，文化的持续传承迫切需要便于记载、持久不衰的文化载体。在新媒体时代，技术的赋能使文化大范围地快速传播成为可能，传统的媒介不能有效加快文化的传播速度，这促使传统媒介不断革新并产生新的媒介。如中国传统动漫制作往往采用手绘的方式，制作工作难度系数大且效率低下，不能适应动漫产业在新形势下快速发展的需要。因此采用新媒介技术制作动画等就成了动漫产业发展的需要。作为目前最流行的制作方式，新媒介技术的利用提升了制作效率。在动漫的传播过程中，借助互联网技术，通过手机、电脑等移动媒介终端作为载体来实现中国传统动漫的大范围传播，受众可以随时选择通过手机、电脑、电视观看动漫。动漫的多元传播需要媒介不断进行革新，新媒介在动漫创作与传播中的运用，推动了动漫产业市场的扩展，推动动漫文化通过新的传播媒介向多元化发展，扩大了动漫文化的影响力。新的媒介的出现扩大了传播广度，包括西南丝绸之路相关的历史故事等在内的中国传统文化借着新媒介能够实现范围更广的传承，传统文化与新的元素相融合会更加普遍。

## （四）媒介与文化是"技""道"的统一

技术性与文化性是媒介的基本属性。媒介技术与文化的关系，实为技与道、形而下与形而上、实践与理论等传统命题的延续。媒介的演变以技术的革新为基础，从文字时代、印刷时代、网络时代再到人工智能时代，无不以技术创新为物质基础。[①] 相对而言，在传统社会中，技术的革新、媒介化以及社会推广过程都会有一个较长的时间线，能够得到使用这种技术的民族以及本民族文化的长久滋养。[②] 因此，"技道合一""技道并进"在中国古代社会成为一种关于媒介技术性与文化性相统一的共识。文化的多元发展离不开媒介技术的革新，动漫以及其他题材类作品可以选择电视、网络媒体和书籍等不同的媒介进行传播，就是依靠不断演变的媒介技术作为支撑。

媒介技术也是一种"道"，即媒介是具有文化特征的一种技术，两者紧密相关，因此媒介与文化是"技""道"的统一。两者紧密的关系也形成了一个新的概念：媒介文化，即人类运用传媒技术在特定环境下进行的文化产品的生产、流通和消费的活动过程，也是一种新的社会文化系统，已经成为世界上最值得关注的文化景观与当代文化的重要形态之一。这个概念更多强调的是文化的媒介展现模式，因为媒介的出现极大地影响了文化的发展；也表明媒介技术的演变引发了一系列社会思潮变动，促使二者不断地结合。在当今社会，由于技术革新的频率越来越快，一种技术从发明到在社会上普遍使用的时间长度，即技术媒介化的时间差越来越小，致使当今社会很多人都注重媒介的技术性而忽

---

① 杨柏岭. 作为文化的传播：人、媒介与社会关系的形上之思［J］. 现代传播（中国传媒大学学报），2020（08）：9-15.

② 杨柏岭. 作为文化的传播：人、媒介与社会关系的形上之思［J］. 现代传播（中国传媒大学学报），2020（08）：9-15.

视了媒介的文化属性。[①] 作为一种当代文化，媒介文化也并非一种精致、有序的文化，相较于传统文化而言，并不带有较强的严肃性，但能够满足人的部分精神需求，具有突出的商业性特征。

西南丝绸之路历史故事作为中华民族上千年发展而形成的文化结晶，在传承至今的过程中离不开各种各样媒介的支撑，比如历史遗迹、文物、书籍等。动漫是现代产生的一种新的媒介，凭借独特的优势在西南丝绸之路文化的传播与传承中扮演重要角色。将丝绸之路文化与动漫相结合，以网络媒体为传播途径，依托互联网技术，文化借动漫的多样化的形式呈现出来，满足受众的不同观影需求。将文化通过多种渠道传播给受众，采用大众喜闻乐见的形式满足社会大众的文化需求，在传承传统文化的基础上不断产生新的文化，推动文化内容不断顺应时代的发展要求，媒介与文化的关系会更加紧密。

## 二、产业与市场：亦步亦趋

一个产业的发展能够带动整个市场发展，而良好的市场环境能够促进产业结构升级。产业发展需要足够的市场，市场的巨大需求刺激产业的发展。因此，实现产业的高质量发展，离不开现代化产业体系与市场体系的健全及协同发展。

### （一）产业稳步发展需要良好的市场环境

近年来，我国文化产业发展异常迅速，对国民经济的贡献度不断攀升。党的十九届四中全会提出要"健全现代文化产业体系和市场体系，完善以高质量发展为导向的文化经济政策"。

---

[①] 杨柏岭.作为文化的传播：人、媒介与社会关系的形上之思[J].现代传播（中国传媒大学学报），2020（08）：9-15.

习近平总书记也就发展文化产业做出一系列重要论述，多次强调要推动文化产业高质量发展，不断提高全民族文化创新创造的活力，为建设社会主义文化强国提供支撑。[①]

创建良好的市场发展环境是保护各类动漫企业正常发展与创作权益的有效举措，这就要求为整个动漫产业链的版权保护制定各项措施。消费人群是影响产业发展的重要市场因素之一，随着技术的发展，更多的动画制作软件可以被动漫爱好者接触到，各大高校也相继开设了动漫专业，动漫越来越普及。不同部分年龄阶段的受众也喜欢上了动漫，市场需求不断扩大，为动漫产业的快速发展提供了强劲的动力。政府制定的良好监管机制有助于弥补市场机制的缺陷，打击各种侵权行为，优化市场环境，实现产业社会效益与经济效益的融合。我国动漫产业中长期存在的一个严重问题就是盗版现象十分猖獗，版权纠纷不断。

## （二）提高市场竞争力需要完善的产业机制

完整的产业链能够满足市场的不同需求，占领更多的市场份额，促进产业市场正常发展。目前我国动漫产业体系与市场体系未达到平衡状态，本土动漫正处于市场转型发展的关键时期，动漫产业的运作模式尚不完善，缺乏完整的产业链。当前我国动漫企业在行业发展规划中缺乏新的发展理念，在产业发展中依旧是将重点放在动漫代工、文化产品营销环节，而忽视了动漫作品的原创性设计和制作技术的提高，市场不健全则会阻碍产业的发展。[②]我国动漫产业发展时间较短，国内动漫在数字娱乐发展方面的自主能力较差，缺乏具有明显国际影响力的原创民族动漫品

---

[①] 潘爱玲，王雪．现代文化产业体系与市场体系协同发展的机制和路径研究[J]．华中师范大学学报（人文社会科学版），2021，60（01）：64-71．

[②] 参考自：解辉．当代中国的动漫产业市场发展现状探讨[J]．科技风，2019（07）：210-211．

牌形象。市场需要为产业的发展提供创意、研发、管理等各类专业人才，而目前大量人才缺失导致国内动漫市场不能为产业发展持续不断输送专业人才，创意和营销人才严重不足，不能满足当前产业发展的需要，导致动漫产业链不完整。

在国内动漫行业中，主要的创意集中表现在动漫形象的塑造以及整部动漫的表现形式上，并且以此带动漫画、游戏、手办等动漫衍生品的发展，从而推动整个动漫产业链向前发展。这与日本、美国动漫产业链的发展模式存在很大的差距，如在美国动漫产业发展中，除了动漫形象塑造的成功，衍生出了很多生活用品和玩具等，还在全球设立了各类主题公园、开办漫展，动漫影响力日益增大，动漫产业发展强劲。[①] 近些年随着动漫产业发展日益迅速，我国相关的动漫衍生品也持续增多，但大多都比较雷同，缺乏独特的设计和创意表现，产业链不完整。从市场体系建设角度来看，我国本土动漫产品市场存在民族特色文化产品有效供给不足，动漫作品的内容质量不高、产品同质化现象严重，产业发展与文化传承协同发展机制不完善以及国际影响力较弱等问题，这些因素都限制了我国本土动漫产业在与国外动漫生产大国竞争中的发展。

动漫产业是一种文化产业，而文化产业又是以生产内容为主的产业，兼顾有市场属性与意识形态属性。文化产业的双重属性决定了动漫产业体系与市场体系的协同过程中不能脱离政府的引导。[②] 政府需要出台一系列优惠政策、专业人才培养政策、文化技术政策来推动我国动漫产业中各个生产要素的流向与产业创新。

---

① 参考自：解辉. 当代中国的动漫产业市场发展现状探讨［J］. 科技风，2019（07）：210-211.

② 参考自：程乾，陈华珍. 我国动漫产业发展现状和对策研究［J］. 经济研究导刊，2012（32）：52-53.

## （三）产业与市场相辅相成

在良好的市场环境下，产业链的完善能够形成规模集群的产业优势，会催生出众多优秀的本土产业，而产业发展良好又会进一步推动市场范围不断扩大。就动漫产业而言，动漫形象是一部动漫作品的灵魂，也是动漫产业的核心竞争力，因此要发挥品牌优势，创作出深入人心的动漫形象。同时，要促进动漫制作与传播一体化，加强动漫衍生产品的开发与制作。[①] 因为衍生产品是动漫产业链终端获取利润的来源，产业链有了利润的支撑就能继续发展并开拓新的市场，特别是当今动漫产业结合云游戏技术、虚拟现实技术等高新技术手段使动漫形象进入一个新的领域，借助新的技术，动漫产业在我国将会形成产业集群的优势并进一步激发动漫市场活力。西南丝绸之路历史故事以其身后的文化底蕴，能够为动漫产业的发展提供丰富的创作资源，在一定程度上扩大动漫市场。

同样，产业发展缓慢或者脱离市场也会阻碍市场的发展。我国动漫产业发展相较其他行业而言较晚，虽然近年来我国动漫产业的发展速度一直较快，但从长远来看，如果动漫产业脱离市场必然导致动画产业发展与市场发展间的空白；这主要是由于动漫产业链还比较薄弱，不能形成有效的经济支撑。从动漫形象的原创、动漫作品制作到市场的推广以及衍生品的开发与销售等成为完整的产业链，国外的动漫收益主要都是来源于音像、图书和衍生品。而我国产业链发展不完善，很少推出动漫衍生品，但动漫产业的收入来源主要就是这部分，因此产业缺乏足够的利润支

---

[①] 参考自：程乾，陈华珍. 我国动漫产业发展现状和对策研究 [J]. 经济研究导刊，2012 (32)：52—53.

持。① 这种情况逐渐拉大了国产动漫与国外动漫产业之间的差距，阻碍了国产动漫的国际传播，降低了国产动漫的影响力，致使国内动漫市场被日本、美国等动漫强国占领。

市场对产业的影响也具有双面性，产业的发展是以市场需求为导向的，随着市场环境的变化而不断改变产业结构与重心。而市场引导产业的发展，市场的需求决定了产业最终的发展方向。我国动漫产业发展过程中，最开始是以产业发展为导向，而在当前，动漫创作与发展都是以市场为导向，这也是动漫发展的必然趋势。在市场导向作用下，我国动漫产业无论是作品创作还是销售都已形成连贯的体系，促使动漫产业走向规模化、规范化，引导我国动漫产业朝着更有利的方向健康发展。

同时，市场所具备的优势能够引导产业更健康地发展。动漫产业的发展具有市场优势，中国是最大的消费市场，而动画形象的价值是通过消费品得以实现的，目前，动漫消费需求还未完全释放。此外，以西南丝绸之路历史故事为代表的中国传统文化资源，为动漫创作提供了最肥沃的土壤。中华文化在长期的发展过程中始终保持自己的个性，作为世界上一个独特的文化类型，能够为动漫内容创作构筑精神支柱。近年来，国家也不断加大对动漫产业的扶持力度，为动漫发展提供了十足的动力，对我国动漫产业也给出了准确的定位，促进本土动漫产业链不断完善和良好发展是国家制定动漫产业相关政策与行业管理制度的出发点。

总之，产业与市场之间的联系十分紧密，二者相互影响、相互作用，西南丝路历史故事能够为中国动漫产业的持续发展注入精神养分，而市场的巨大需求能够刺激动漫产业的发展与变革。

---

① 参考自：程乾，陈华珍. 我国动漫产业发展现状和对策研究 [J]. 经济研究导刊，2012 (32)：52—53.

## 三、制作与传播的关系

### （一）制作是传播的前提

制作是传播的必要前提，传播是内容制作的内在要求和目的，内容质量的好坏很大程度上决定了内容传播的效果与范围。当今市场竞争尤为激烈，如果内容质量差会阻碍内容向更大范围传播，很难获得市场的认可。当代人在多元文化的融合下享受到了丰富的娱乐方式，但我国动漫产业在内容制作上大多还是倾向于说教、缺乏趣味，很难引起观众的共鸣与注意力，致使国产动漫在国际国内的传播范围十分受限。丰富的想象力和娱乐功能是动漫艺术的生命力，过去说教式的动漫作品已经不适应当今社会，不能有效促进国产动漫的传播。

内容制作的规模影响传播的范围。制作内容的目的就是通过传播获取收益，因此内容的规模制作就显得十分重要。形成一个产业集群有助于提高市场竞争力，进而完善产业链和扩大内容的传播范围。规模制作有助于集合产业优势，促进各个部门的合作继而调整产业结构，使动漫产业能适应我国目前的社会环境。动漫产业作为切实提升我国文化软实力的一个重要力量，只有将传承至今的丰富多彩的传统文化和极具特色的民族文化融入动漫作品的创作中，以规模化的制作创作出优秀的动漫作品，才能激发整个动漫市场的活力，促进动漫产业的发展并将我国的动漫文化传播到国外，扩大中国动漫影响力。

### （二）制作质量影响传播效果

通过梳理我国动漫的发展历程，很明显可以看出，动漫创作长期以来定位的受众群体都是低龄儿童，并以教育为主要的创作出发点。因此，早期的动画片被称为美术片，是一种带有极强教育功能的艺术，娱乐性与商业性较低，覆盖范围较小，其中丰富的传统文化元素因受众占比较小而传播效果不佳。现在我国动漫已经改变制作理念，不再过多强调教育功能，也不再追求曲高和寡的艺术表现，而是走大众文化艺术路线，将艺术性与商业性相结合，迎合不同年龄受众的喜好，动漫的传播范围由此扩大。

制作是动漫传播的基础，动漫的制作要以文化为支撑，以西南丝绸之路历史故事等传统文化为中国动漫的制作提供充足的养分。从中外经典动漫作品来看，具有极大影响力的作品都在内容上有自己独特的特点和深厚的文化底蕴。借助中国传统文化中的经典故事，结合亲情、友情等具有长久生命力的故事主题，配以富有娱乐性和感染力的情节，创作出生动活泼、富有美感的动画形象，可以提高作品的吸引力。

随着科学技术的进步以及艺术题材表现的需要，制作技术的水平不断提升，实现 2D 到 3D 动画的跨越，动漫产业体系趋于完善，催生出更多种类的动漫形式，传播渠道增多。在动漫制作与传播的过程中，把握好艺术性与商业性之间的关系，能够为动漫产品赋予较高的艺术价值和商业价值。

### （三）传播效果反作用于制作规模

内容得到广泛的传播，形成一定的市场效应，便会反作用于内容的制作规模，促使规模不断扩大。动漫《秦时明月》在播出之后就受到市场的追捧，促进一大批相关产业链的产生与发展，制作出了一批动漫衍生品并引发了动漫创作热潮，提升了动漫行业整体的制作质量和规模。

在新媒体背景之下，内容传播仅仅依靠传播媒介不能形成良好的传播效果，收益也势必受到影响，以致制作规模被迫缩小。近年来，动漫产业发展虽有一定起色，但由于原创制作较少，动漫产业市场份额几乎被国外动漫占领，国产动漫仅在国内占据小部分，传播范围受限，致使本土品牌制作规模不断缩小，从而影响我国动漫产业的发展。国产动漫制作水平虽然得到了提升，出现了一批优秀的动漫作品，却没能推出具有自己民族特色的文化品牌，缺乏广泛影响力，遏制了国产动漫制作行业的发展。只有提高创作质量，优化传播效果，动漫产业的发展水平才会得到实质性的提升。

## 第二节　西南丝路文化元素的提炼与动漫作品审美品格提高

西南丝绸之路既是经济贸易通道，也是一条文化廊道，即由自然、历史、文化等有形文化遗产和无形文化遗产构成，是当今中国乃至世界的重要财富。王立国等学者认为，"文化廊道是以建立在历史时期人类迁移或交流基础上的通道文化为基础，并拥有代表综合自然与文化环境的特殊线性文化景观，它代表了多维度的商品、思想、知识和价值的持续交流，具有历史的动态演变特征。文化廊道由文化元素和空间元素组成，文化元素是廊道形成和发展的基础，勾勒出廊道的框线图，是廊道的灵魂。空间元素是指廊道框架内与廊道的形成和发展没有直接关系，但具有重要历史或旅游价值的元素，如云南巍山的拱辰楼、腾冲的佤族清戏等，在某种程度上丰富了西南丝绸之路的内容"[①]。文化廊道是丝路长期发展过程中慢慢积累形成的文化现象，具有鲜明的文化属性。中国四川至印度的丝绸之路整个通道上的文化遗产，主

---

① 王立国，陶犁，张丽娟，李杰. 文化廊道范围计算及旅游空间构建研究——以西南丝绸之路（云南段）为例 [J]. 人文地理，2012，27（06）：36-42.

要表现为丝路沿线的佛教文化与多民族文化融合。

当时的西南地区高山环绕、千沟万壑，交通极为不便。西南地区的人们不畏艰辛，运用最简易的工具修栈道、架桥梁，打通了这一条连接中外的经济文化通道，促进了中国与缅甸、印度之间的文明交流与商贸合作，加强了世界文明之间的联系。西部大开发是自西南丝绸之路开通后的一次更大的开拓，两千多年前的丝绸之路的发展历史对于我们当今进行经济建设与改革开放具有深刻的启发性。以丝绸之路的历史为背景，将丝绸之路中展现出的艰苦卓绝的奋斗信念提炼出来与当今西部大开发相结合，以动漫的形式重现当年的历史并呼应现在的西部建设，可有效提升动漫作品的审美性。西南丝绸之路的文化元素主要分为物质文化遗产和非物质文化遗产，物质文化遗产主要包括云南大理的崇圣寺三塔、永平的霁虹桥、四川西昌的清真寺、道观和乐山柿子湾崖墓佛像等，非物质文化遗产包含白族的绕三灵、傣族的泼水节等，都是当今世界重要的文化遗产。

## 一、立足于本民族文化的动漫

动漫是一种大众化艺术，它的存在有赖于广大观众的参与。所有优秀的动漫作品展现出来的审美性以及传达的价值观一定都符合广大目标受众的审美需求，同时它还体现了一个地区的民族在同一时代的世界观与审美倾向。因此，以动漫为代表的大众艺术的审美性更易受到经济、政治、文化等因素的影响，提升动漫作品的审美品格，需要将优秀文化元素运用其中，并进行高水准的艺术创作。当前我国动漫创作技术水平较高，但学界对于创作审美品格的研究积极性不高。追求产量不重质量是当今动漫产业的普遍现象，崇尚日美动漫风格，忽视了民族审美的独特性，因此，创作出真正具有中国审美特征的优秀动漫作品极为重要。

西南丝绸之路所展现的人文精神对当今也具有启示作用。而以西南丝绸之路文化为创作主题的动漫目前较少，且审美性不足。此外，当今国内动漫创作方向还是以少儿动漫为主，往往采用的是说教的方式而难以使受众获得审美愉悦。观众更加偏爱日本动漫和美国动漫，也使国产动漫创作风格受到影响，视觉形象皆以西方审美取向为标准。原创动漫需要立足于本土优秀传统文化，将文化元素与动漫结合形成具有中国美学特征的视觉形象。西南丝绸之路沿线从古至今形成的丰富文化资源就具有中国美学思想特征，能为动漫创作注入精神能量，继而真正提升中国动漫的审美品格，并提升其在市场上的竞争力，将具有中国美学特征的动漫文化（即重神韵、重写意的美学思想）传播中外，扩大影响力。

## 二、符合民族审美品格的动漫

数字动漫是一种建立在现代科学技术基础上的造型艺术。技术美与科技的发展紧密相关，科技发展带来技术美。数字动漫的重要特征之一就是技术性，因此，技术审美也成了动漫的审美焦点。"数字动漫艺术是建立在计算机软、硬件技术发展的基础上的，它的审美价值很大程度上依赖于技术的环境，在数字动漫产生发展之初，每一次视觉上产生的新冲击，都与新技术的采用密切相关，因此，数字动漫艺术在成长发展的阶段，其审美价值多表现为科技美。科技与艺术的完美统一是数字动漫制作的首要前提和最终目标，它依赖的 CG 技术通过电脑强大的运算能力来模拟现实，需要完成建模、动作、渲染等步骤。"[1] 借助数字媒体

---

[1] 顾琛. 数字动漫艺术中的视觉符号及审美研究 [J]. 湖北社会科学，2010 (08)：152−154.

技术,可以做出逼真的视觉效果,改变观众"眼见为实"的视觉记忆。技术加持的虚拟真实能够给受众带来强烈的视觉冲击,国产动画电影近年来也在致力运用新兴技术提升画面的视觉效果,不断探索 CG 技术、三维技术与传统文化的良性融合,创造具有中国美学特征的动漫文化。

## 三、西南丝路文明的跨文化叙事

西南丝绸之路在西汉时期有"蜀身毒道"之称,整条路线从今四川省成都市出发,由灵关道、五尺道两条路线在云南大理汇聚,经永昌道与印度建立商品贸易与文化交流关系,这些历史文化与文明也为动漫创作提供了素材,但要提升丝路文明的文化传播效果,需要找到与各民族文化之间的共同点来设置情节,跨越文化差异。在西南丝绸之路沿线各地域的文化交流中,宗教文化是巴蜀文化、中原文化、滇文化以及印度文化等多种文化交融的典型产物。以四川现存的佛像为例,乐山麻浩崖墓浮雕佛像、乐山柿子湾崖墓浮雕佛像、彭山崖墓出土的摇钱树陶座底部的一坐佛二立侍像等典型的汉代佛教文物,明显具备印度犍陀罗佛教的特征,这也就证实了当时佛教文化经过西南丝绸之路传播到四川,对当地的文化影响深远。云南本身地处文化交汇中心,当地佛教文化繁荣的表现更是不胜枚举。

借助现代媒体技术的发展,许多媒介载体成为文化传播的补充介质,有些文化需要依赖动态的影像所带来的视觉效果优化传播,"图像的狂欢"已经成为不可阻拦的趋势,西南丝绸之路的文化发展势必也要依托新兴技术来扩大传播范围。

### (一)跨文化叙事方式构筑共享空间

西南丝绸之路文明的动漫化跨媒介改编,是将文化与技术进行活力碰撞的一种方式。西南丝绸之路文明要依托直观的、鲜明的、动态的具象化形式呈现出来，并在接受和尊重历史的前提下对情节进行补充与改编，这既是融合多种艺术形式的审美理念的体现，也是不同文化语境下异质文化的诠释所需。动画形象这种较浅层次的视觉符号，能够网罗众多年龄段的受众，并为他们降低认识、读译文化的门槛。

跨文化叙事方式可以按照文化现象的输出、文化思想价值的输出两个思路来具体解析。从文化现象来看，西南丝绸之路的多元民族文化，具有特色的文化符号，已成为他人在纷繁复杂的文化现象中识别该民族文化的重要标识。宗教文化是整条西南丝绸之路文明中最突出也是最具有共通性的文化，对相关题材的动漫化可以考虑深入挖掘西南丝绸之路沿途地域的宗教文化。在"全球化"背景下，文化的对外传播也要在宏观基础上考虑文化流动时如何降低多元文化的不对等性，所以在保持民族文化独特性的同时，要挖掘出与其他文化的共通点。文化思想价值是跨文化叙事的重中之重，文化思想虽然隐性存在于生活之中，但是要想通过显性的语言系统或者图像系统呈现出来，始终会由于编码或者解码的不同存在些许差异。所以要利用现代文化元素将西南丝绸之路的文化元素融合起来，学会站在受众的角度，结合他国的文化心理结构和文化模式，找寻应对不同地区受众的叙事方式，从而实现针对受众特点进行叙事方式的转变，构筑文化共享空间，促进多元文化的交流与融合，在叙事角度、叙事结构、叙事风格、叙事情节等方面适度调整，将中国的文化思想通过文化视觉表征的编码设计有效传递出来。

### （二）动漫对民族人物形象的塑造

西南丝绸之路上最早开始商贸交易和文化交流的是商人和僧侣，在时间更迭中涌现出许许多多的典型人物，其中以各民族人民的形象最为突出。各民族在南方丝路上友好相处,交流传播和谐文化,在岁月的变迁中迁徙、繁衍,形成了白族、羌族、彝族、藏族等民族和谐生活的美丽图景。塑造民族人物形象,首先需要选择民族特征鲜明的角色,即具有立体性格,且是本民族文化的优秀传承人,从角色的一举一动中窥见其民俗特点。其次,角色本身要秉持和谐理念,对于西南丝绸之路多元文化要有包容的心态,因为角色的塑造是能够调度并影响观众的感性体验的。在西南丝绸之路多元文化交融的背景下,民族人物的形象一定要具有大众所共同认可的优秀品质。

人物形象要通过人物性格、人物情感以及人物的行动来体现。在动漫作品中,鲜明的人物形象往往是作品在内容上引发观众情感共鸣的重要因素。

## 第三节 西南丝绸之路历史故事动漫作品有效传播的影响因素

西南丝绸之路是中国对外交流的重要经济文化线路,是人类文明对话的重要通道,积淀了丰富的历史文化。以优秀的丝绸之路文化为背景,选取丰富多彩的题材,是创作历史故事动漫艺术作品的有效途径,国内外优秀的动漫作品无不以各自璀璨的文化为核心竞争力,旨在提高民族文化的传播有效性,扩大民族优秀文化的影响力。

### 一、丝绸之路文化内涵的挖掘影响动漫的传播

我国动漫产业起源于 20 世纪 20 年代,其间取得了重大发展,一些经典的动画片都选用独特的中国元素进行创作,无论是

人物形象设计还是故事背景的选择都体现出深厚的文化内涵。近些年，无论是国内还是国外的动漫产业都已经意识到优秀动漫作品的核心竞争力是"民族元素"。程乾、陈华珍在《我国动漫产业发展现状和对策研究》中提出，"动漫行业作为提升国家文化软实力的重要力量，只有把我国丰富的历史文化和博大精深的民族文化深深载入到动漫作品中，才有生命力"①。在动漫的故事情节设置、故事背景、角色以及配乐等取材上兼收并蓄并演绎出崭新的故事，都彰显出极具本民族深厚的文化魅力。"越是民族的，越是世界的"表明对本民族传统文化的挖掘是有必要的。丝绸之路丰富的文化资源，可以为国产动漫创作提供深厚的题材基础，给予动漫这一新兴产业更多活力，把极具民族性与地域性的创作内容和手法带入动漫创作中，增加了表现形式的丰富性以及动漫文化的内涵深度。"成熟的动漫作品包含自己的民族文化元素，体现民族文化艺术特点，并在此基础上兼容并蓄，有包容的文化心态，我国动漫产业作为重要的创意产业和文化产业，需要从题材上主动结合民族元素，找到与特色文化和民族文化的结合点，打造符合现代市场发展和民族融合的原创作品，促进动漫文化的繁荣，才能确保动漫市场的健康发展，在整个创作和设计中，在借鉴日美先进动漫制作基础上，坚持自己动漫创作的本色。"②动画与漫画是动漫产业发展的一个环节，整个动漫产业需要一个完整的产业链来推动发展，而西南丝绸之路相关的历史故事就是优秀的文化资源。要重视文化内涵的提取，以促进动漫产业的发展，扩大动漫作品的传播范围。

动漫作品除了能带给受众精神愉悦，还隐含更深层次的内涵

---

① 程乾，陈华珍. 我国动漫产业发展现状和对策研究 [J]. 经济研究导刊，2012（32）：52-53.

② 解辉. 当代中国的动漫产业市场发展现状探讨 [J]. 科技风，2019（07）：210-211.

和更多教育意义，最终形成动漫文化"寓教于乐"的价值。历史故事涵盖丰富的生活内容，凝聚了生活的要义，以动漫形式复现西南丝路的历史故事，可以通过现代人的视角重新回顾历史。西南丝绸之路的繁荣发展形成了众多宝贵的文化遗产，都富有深刻的文化内涵，可将与西南丝绸之路相关的历史文化知识，例如西南丝绸之路早期的开通历程以及对中国政治、经济、文化产生的影响融入动漫创作之中。针对小学生的动漫，不能过分强调"教化"的意义，应当提升动漫的趣味性，呈现生动的视觉效果以及有趣的故事情节，将丝路文化的深刻内涵融入其中，实现"寓教于乐"，推动文化内涵的传播。

连接中外的西南丝绸之路体现了不同国家、不同民族、不同地域文化的碰撞与融合，形成具有多样民族化特征的文化带，是混合体而不是单一民族的产物。但由于年代较远，当今对西南丝绸之路文化的研究与开发远远不足。目前大多的动漫制作没能有效利用我国特有的丝路文化，更没有进行创新性的改变和创造，工作重心还是放在营销环节上，忽视了动漫作品的原创制作与内涵深度，一味地模仿国外的动画创作形式，不能适应国内大众的审美取向。动漫内容缺乏深层次的文化内涵，就不能吸引国内更多的受众，没有兼顾娱乐和教育功能，就不能给人以启迪，很难走出国门，无法起到文化传播和影响的作用。

## 二、消费群体的培养促进丝绸之路动漫作品的传播

消费群体对动漫的审美取向，直接影响动漫作品的创作、发展和传播。西南丝绸之路历史故事动漫作品的传播也是丝路文化的传播，因此文化传播的受众也是潜在的动漫消费群体。近年来，随着喜爱动漫的消费者数量不断增多，我国开始重视动漫消费群体的开发，针对受众群体的审美倾向与关注点，做好前期的

市场调研分析并总结观众的喜好，将西南丝路相关的历史故事元素融入动漫的创作中，借鉴日本、美国动漫的创作经验，构建我国独特的动漫文化，扩大动漫文化的传播范围。当前我国大多消费者仍旧受到日本动漫、美国动漫等文化审美取向的影响，而对国内丝路文化相关的动漫知之甚少，主要原因是未能有效开发我国独特的文化资源来培养符合中国传统文化审美特征的消费群体。不断提升我国本土动漫的创作质量，塑造出经典的动漫形象，将有助于我国优秀的丝路动漫文化迈出国门，推动不同文化之间的交流与融合，也能培养更多的消费群体，进一步提升我国动漫文化的竞争力。

改变消费人群对中国动漫的偏见是促进丝路文化动漫传播的前提。长期以来，由于传统的国产动漫主要针对低龄市场，因此大多国人认为动漫只适合低龄儿童观看；且动漫中普遍带有"教化"意义，加深了成年人对动漫的成见。相比而言，日本、美国等国动漫的盛行，主要得益于动漫创作观念的改变，与"儿童动漫"区分明显且带有更多的哲理性思考而不是直白的"教化"。以丝路文化背景为题材创作的动漫适合各个年龄段，在创作中加入不同的创作风格和元素分别进行细化，能够更加适合不同年龄阶段的消费群体。特别是针对成年群体的市场，需要动漫创作者脱离动漫"幼儿化"的创作观念，改变动漫人物形象卡通化、语言幼稚化的现状。丝路历史故事动漫作品作为迎合市场的产品，是为了满足观众的审美消费需求，而喜爱动漫的成年群体大都具备较高的消费水平且消费周期长，培养成年消费群体能够为丝路文化动漫创作提供足够的资金支持，进而带动行业的完善与发展，更能将丝路文化的传播范围扩大到各个年龄阶段的受众，将丝路文化传播得更为久远。

相较于追求严肃科学的文化知识，动漫受众更倾向追求轻松的消遣娱乐，新的消费观也导致消费群体观看动漫时追求轻松幽默的"笑文化"。过去那种说教式动画已经不适应当代观众的审美需要，动漫作品缺乏娱乐性就难以引起观众的共鸣，因此西南丝绸之路历史故事动漫具备娱乐性是必要的。"大胆的想象力和娱乐大众的功能是动漫艺术的生命"[①]，针对当今消费群体的审美特征将丝路历史故事中有趣的元素与动漫创作相融合，打造符合市场发展和民族融合的作品，才能有助于丝路动漫文化的传播。

## 三、动漫产业的发展影响丝绸之路历史故事动漫作品的传播

我国动漫产业与日美等动漫生产大国相比，无论是在制作技术还是在市场环境方面，依然存在较大的发展差距，还未形成独立的产业经济。近年来随着对传统民族文化开发政策的扶持以及动漫市场的扩大，大量资金流入动漫产业，从事动漫创作相关的企业数量明显增加，但受限于创作人员的专业水准以及企业盲目追求市场效益，大量动漫作品的创作质量良莠不齐。涵盖本民族优秀文化的动漫，特别是传播丝路历史故事的动漫无法形成有效的竞争力，不能与国外大制作的动漫抗衡，无法顺利在市场上传播。意蕴深厚的丝路文化可以为动漫创作提供丰富的题材选择，但国内动漫产业在表现丝路文化的内涵与历史意义方面存在技术和创意上的困难，继而难以提升作品的品位。同时西南丝绸之路历史久远，留存的遗迹较少且未能得到很好的保护与传承，因此并不为大众所熟知。目前与丝路相关的动漫基本都是以北方丝绸之路的历史故事为题材背景的，如央视推出的"一带一路"主题大型动画片《丝路传奇》以及动漫题材电视片《丝路公主》。国

---

① 李淑怡. 动漫文化发展中的思考 [J]. 艺术教育，2011（03）：156.

家对文化产业、动漫产业的相关扶持也更多倾向于北方丝绸之路，两种不同创作背景的动漫竞争力是不平衡的，因此市场上基本没有与西南丝绸之路相关的动漫作品，不利于西南地区历史文化的传播与扩散。

产业盈利模式不清晰以及产业链不完整阻碍了丝路文化动漫作品的生产与传播，产业链的不完善尤其导致动漫产业发展缓慢。丝路动漫形象的原创、动漫作品的创作、产业市场的扩展与动漫衍生品的开发和销售是丝路动漫产业链中的重要环节，缺少其中任何一环都不能构成完整的产业链。国外动漫产业绝大部分利润都来源于动漫图书和音像以及动漫周边等衍生品，而我国当前对丝绸之路历史故事文化的开发仅限于取材丝路背景，没有特定的动漫形象，动漫内容也往往受到资本力量的左右而"变质"，并没有完整的产业链推动丝路故事动漫的发展，也并没有真正有效地传播西南丝路文化。

在国家大力倡导文化产业发展的政策指导下，我国动漫产业逐渐得到重视，也产生了许多优秀的动漫作品，开始赢得市场的认可，进一步推动了对传统民族文化资源的挖掘。例如，由玄机科技信息有限公司制作并在 2007 年播出的我国首部 3D 武侠动画《秦时明月》系列，2011 年由王川导演执导的《魁拔》，2015 年上映并获得观众极大认可的《西游记之大圣归来》，都表明我国近年来动漫产业发展呈现出欣欣向荣的态势。产业市场的良好发展有助于以丝路历史文化为创作题材的动漫生产，利用现在的新技术将文化与创意相结合，为观众带来娱乐性的同时引发思考，真正起到文化渲染与传播的作用。

国产动漫拥有极其丰富的文化资源，商业资本也比较雄厚，但非常薄弱的商业变现能力成为完善动漫产业市场极大的阻碍因素。国产动画发展历史虽然久远，很多经典的人物形象也家喻户晓，但在目前的动漫市场上占据的份额却极小，主要是由于动漫产业链不完善，以致后续衍生品开发不力，不能应对消费市场对动漫周边产品的需求，造成"有事业无产业"的尴尬场面。丝路文化资源同样面临这种问题，如今中国本土动漫产业发展受到国外动漫的挤压，市场份额占比小，整个产业市场的动漫创作方向还是以跟随国外动漫审美为主。深厚的丝路文化资源没有被融入动漫创作中，致使当前市场所流行的动漫作品很少具备民族文化特征，无法促进文化的有效传承与传播。

## 第四节 西南丝路文化与数字动画融合模式下受众结构与心理变化分析

西南丝绸之路的发展形成了宝贵的文化资源，与随着数字技术发展而产生的数字动漫相融合，为动漫艺术的创作提供了丰富的创意素材，赋予动漫这一新艺术形态新的活力，也赋予了动漫艺术更多的象征意义和审美价值，对动漫艺术产生了极大的影响。尤其是随着互联网技术的发展演进，数字化载体逐渐成为公众获取信息、娱乐的重要方式，数字动漫产品的市场占比逐渐提升。与此同时，借助数字动漫技术，通过造型、动作、语言、声音等表现手段的综合运用，以丝路文化为创作基础的数字动漫正在逐渐改变受众结构与受众心理。

### 一、受众结构复杂多样

麦奎尔曾经说过，受众作为特定社会环境和特定媒介供应方式的产物，其受众本身的发展也经历了相当漫长的过程，尤其是受众在媒介使用方面，呈现出显著的社会特征和环境特征。[①] 结构性受众研究对于受众类别的区分有着重要的影响。

我国动漫发展时间较长，早期也取得了重要的成就，出现了众多令人印象深刻的经典动漫形象。但由于早期的动漫创作采用传统的"自上而下"的创作路线，"教化"意味浓厚，动漫受众定位"低龄化"，脱离了市场，造成了受众单一的局面。此外，在计算机技术还未大范围普及时，传统动漫创作偏向儿童与青少年人群，没有针对不同年龄受众精心设计、创作相应的动漫作品，因此造成中国动漫产品的内容低龄化、题材单一化、文化浅表化。

伴随着互联网技术与数字技术的发展，不同年龄阶段的人群开始在网络空间中寻找一种情感共鸣和安全感。数字技术时代也带来了动漫作品类型的多样化与动漫创作的繁荣，以丝路文化为代表的传统文化在动漫领域逐渐受到重视，发挥着重要的文化内涵塑造作用。此外，丝路文化与数字动漫的融合发展，带动数字动漫作品受众群体激增，受众的范围持续扩大，成年人群成为新的动漫消费主体。

### （一）受众断层现象明显缓和

中国动漫长期"低龄化"的创作倾向造成了受众的"断层"现象。受众随着年龄的增长便会逐渐认识到动漫内容过于幼稚，而会放弃观看动漫，因此国产动漫一直处在低龄市场而无法向更广泛的市场扩散，大众对于动漫的认知形成偏见，认为动漫只适合低龄儿童观看，动漫作为青少年消费品而不是全民文化消费品的现象长期存在。数字动漫创作时代，创作者们也意识到国产动漫的崛起必须要注重创新，在坚持原创的前提下提升动漫作品的

---

① 参考自：诸葛蔚东，张馨文. 日本科幻动漫在中国的传播渠道与受众特征分析 [J]. 出版广角，2019（04）：34-38.

品质，注重结合优秀传统文化，提升了动漫作品的思想内涵，动漫受众从青少年扩大到成年群体，受众范围不断拓展，改变了受众对传统动漫的刻板认识。近年来《西游记之大圣归来》《大鱼海棠》等主要针对成年群体的国产动漫引起极大的关注和讨论，成年群体显示出强烈的消费需求。而西南丝路文化与数字动漫的融合更有助于补齐国产动漫在成年消费群体市场的短板，助力国产动漫植根传统文化土壤创作出适合成年群体的动漫作品，敢于同美日等动漫生产大国进行竞争，对我国动漫产业的发展十分有益。

（二）本土动漫受众规模及分布区域扩大

20世纪七八十年代，我国社会经济发展较为缓慢，动漫作为一种影视艺术还仅在小部分人之间传播，大多地区没有条件放映动漫作品，难以形成坚实的影迷基础。同时，由于具有浓厚的说教意识，动漫被认为是哄小孩子的，因此受众的规模较小且分布不均匀。动漫产品的质量"低劣化"也导致中国动漫产业与市场脱节，市场消费群体非常小。21世纪以来，随着计算机技术的快速发展以及新媒体技术的变革，动漫受众规模急剧增加。但在中国青少年最喜爱的动漫作品中，占据领先地位的是日本动漫，其次是欧美动漫，而国产动漫仅占据很小的份额。同时，日本、美国动漫已经成为一种大众文化，动漫迷也存在于不同年龄阶段的人群中。根据相关统计，目前中国有三亿多的儿童以及与之相关的六亿多的父母，这两部分人群已经成为动漫消费的主力军。应该将20岁至40岁这个年龄阶段人群作为动漫推广的受众，因为他们具备独立的消费能力，能对动漫产业的发展发挥较大积极作用。

时代精神的差异也体现在受众结构的变化过程中，西南丝路文化是传统的，数字动漫则是当今时代科技与艺术结合而成的产物，两者融合，更多的是时代观念的交集。

近年来，随着国家大力倡导文化产业发展的政策推进，本土动漫的受众群体也不再局限于低龄儿童。与此同时，目前对传统文化内涵的挖掘也更深，丝路文化等中国传统元素在动漫创作中越发受到重视，因其无论是在人物造型还是背景风格上都很好地体现了中国元素，受到了大众的欢迎。如《哪吒之魔童降世》等动漫作品也赢得了好口碑，针对不同年龄阶段受众的心理需求进行创作，也表明了越来越多的成年人开始喜爱动漫，动漫受众规模不断扩大。

## 二、受众心理繁杂多变

随着信息技术的快速发展，社会环境也发生了很大的改变，数字电影电视、数字网络技术等新兴技术不断挑战传统的视觉符号传播形式。视觉符号也从以往的平面化、静态化的形式，逐渐开始向立体化、动态化转变，符号学的运用对动漫作品的表意性思维有着深刻的影响。尤其是数字动漫的产生，将视觉符号转向更深层综合的方面，与丝路文化的融合对受众的心理产生了极大的影响。动漫以传达、交流信息为主要目的，而人主要是通过符号来思考的，符号是思维的主体，进而持续延续到受众心理活动的思维过程。动漫的发展离不开对受众心理的研究，基于受众心理需求创作的动漫才能受到真正的欢迎，丝路文化融于动漫也能满足受众多样化的需求。

### （一）从"情感宣泄"到"精神寄托"

对于中国早期的动漫创作，中国的动漫迷表现得十分理性，更多注重动漫艺术中的诗意浪漫、叛逆荒诞，依旧比较理智地将动漫与现实分开，不会因为动漫影响现实生活，大多都是将动漫

## 第三章 西南丝绸之路历史故事与动漫发展构建的影响机制和因素

视为情感宣泄的通道，很少会有受众将其视为精神寄托。其中一个主要原因就是之前的动漫创作缺少深厚的文化内涵，难以打动观众，忽视了受众的心理感受。近年来，丝路文化与数字动漫融合创造的动漫具备丰富的文化内涵，同时，借助新兴媒介技术针对不同年龄、性别的受众创作符合其心理接受的动漫。以青少年受众为例，这类群体是成熟与幼稚、依赖与独立的组合体，充满了探索现实世界中一切未知事物的渴望。通过对丝路文化进行适当改编，以一种新奇的形式在数字动漫中展现，青少年群体才能得到精神上的享受，真正感受到丝路文化的内涵以及魅力。

在数字媒介技术时代，受众心理更是发生了深刻变化，对于追求个性、新颖、有内涵的动漫有着巨大的心理需求。国外动漫创作成功的经验就是将本民族传统文化元素融入动漫创作之中，场景、服装、人物形象、背景等都展现出传统文化元素，利用动漫故事的文化价值取向来吸引受众，进而展示文化的深厚内涵。而丝路文化与数字动漫融合产生的动漫创作吸收了国外动漫的创作特点，更加开放，毫不拘束，满足了观众尤其是成年受众人群的心理。在内容上，将丝路文化中的元素融入动漫创作，提升了动漫的内涵，同时新奇、大胆的创意将丝路文化转化为受众所喜闻乐见的动漫形式，成功抓住受众的眼球，勾起他们强烈的观看意愿。动漫故事叙事、人物等符合受众的审美心理需求，这才是文化与动漫成功融合的例子。将本民族传统文化的内在韵味与当前生活在精神意义上建立密切的联系，在讲述现实故事的过程中成功凸显传统文化内在的韵味，基于此国产动漫无论是在内涵还是在制作水平上都得到了广大受众的认可，越来越多的受众已经将观看动漫作为一种精神寄托。这表明将西南丝路文化融入数字动漫之中是符合受众接受心理的。

## （二）不同受众的审美心理得到满足

受众的审美心理与年龄、生活环境息息相关，受制于文化修养、生活阅历、审美能力等因素。早期中国的动漫就是民族风格与传统文化融为一体形成的写意风格，无论在动漫的表现形式上还是在内容制作上，都展示了鲜明的民族风格。但受众定位的"低龄化"致使动漫的内容偏于简单，文化元素流于表面。

以丝路文化为代表的中国传统文化介于抽象与具象之间，受众需要具备相应的审美能力，才能体会到动漫作品中更深层次的意味。而不少青少年对动漫故事中的"写意风格"并不是很了解，因为他们缺乏足够的文学修养以及生活阅历。

因此，当前西南丝绸之路与数字动漫相融合，借助新的制作技术与新的创作理念，真正做到"寓教于乐"，才能适应儿童乃至青少年的审美心理，继而达到弘扬传统文化的目的。

## 第五节　西南丝绸之路文化与动漫融合的产业链构建

产业链是指将一种或几种经济资源通过若干产业节点不断向下游转移直至达到消费者的路径，并在这个转移过程中实现产业的最终市场价值。动画产业链则指围绕动画内容产品及人物形象，从内容产品形成到最终消费所涉及的各个不同产业部门之间的关系，即相关产业环节之间的上下游关系。[①] 动画产业不单指动画，还包括其衍生的漫画、游戏、服装、玩具等周边产品以及

---

[①] 刘斌，杨婉若. 新媒体时代日本动画产业链的整合与创新[J]. 电视研究，2016 (12): 71-74.

## 第三章　西南丝绸之路历史故事与动漫发展构建的影响机制和因素

在网络衍生出的内容交流社区，完整的动画产业链应当囊括内容生产、内容传播和衍生变现三个重要部分。

## 一、动画产业运作模式

动画产业链条较为完整、发展也较为成熟的当数迪士尼。华特迪士尼公司的多部动画作品，如《白雪公主和七个小矮人》《狮子王》《玩具总动员》都在全球范围内掀起了热潮，其动画角色从早期的米老鼠和唐老鸭到现在的玲娜贝儿、星黛露均受到全球粉丝的热爱。迪士尼通过构建内容创作、IP形象授权、主题公园三角产业链条圈，成功实现实体产业及相关产业收益远远超过内容创作本身的收入。

一个完整的动画产业链条应当囊括创作与变现的所有环节，上游主要是内容生产环节，包括原画作者、动画工作室、动画制作公司，他们负责动画的生产创作，并负责经费筹措、动画的前期制作、动画的中期制作、动画的后期制作、动画的营销及制作管理。在日本这个动漫产业发达的国家，上游环节往往还包括漫画的创作与出版，许多动画作品也都是基于相应的漫画作品进行创作的。因此，在上游环节，经过日本成熟的漫画市场筛选后的漫画作品，更容易得到企业的投资，从而被改编成动画作品。中游主要是内容传播环节，制作好的动画作品会依据类型在电影院线、电视台、在线视频平台等渠道播出。下游则是衍生变现环节，包括周边实物衍生品开发与销售、泛娱乐内容开发和运营。周边实物衍生品的开发与销售往往是动画产业链中获利最丰厚的环节，也是动画企业实现利润回收的关键环节。这些周边产品主要依靠动画的人气在游戏、图书、玩具、服装、文具等多个品类生产出与动画角色、动画场景等内容高度相关的产品，从而实现变现，即依靠动画IP，充分挖掘动画角色的品牌价值，利用粉丝效应在动画迷中掀起变现潮。泛娱乐内容的开发和运营是维系动画 IP 关注度的一种重要手段，简单来讲就是通过跨域布局建立起泛娱乐系统，实现动画 IP 资源产生持续性价值，并会依据动画市场价值的高低来选择一些动画推动其影视化、文学作品化、戏剧化等。例如，基于动画作品的高人气，动画作品制作方会选择将动画作品与影视建立联系，比如日本的动画作品《银魂》就翻拍了真人版，而迪士尼也将自己的《美女与野兽》《灰姑娘》等经典动画作品进行了真人电影版本的尝试。动画作品还有其他的衍生方式，如舞台剧、动漫展览、广播剧、虚拟产品等，这些都是利用动画的 IP 效应来实现动画产业的盈利最大化。

## 二、国内动画产业链的发展

20 世纪 20 年代我国就开始制作动画，按照时间历程可以分为五个大阶段。1949—1956 年，这一时期政治经济百废待兴，动画作品创作有较强政治色彩，没有形成中国风格的固定体系，大都在单一地模仿他国的动画风格及特点，处于摸索阶段。1956年，《骄傲的将军》成为中国动画的突破之作，中国动画开始在民间美术中取材，广泛运用戏剧、剪纸、美术等元素创作动画。1966—1976 年，中国动画行业受到冲击，此时动画处于创作低谷，但重视对英雄人物的刻画，《小号手》《小八路》等都是这一时期的代表作品。改革开放初期，在西方外来思想的影响下，中国动画迎来了发展高潮，题材也不受限制，创作方式多元化，这一时期，创作数量和质量有了大幅度提升。20 世纪 80 年代末至 21 世纪初期，由于美国、日本等国家的动画片冲击了国内动画市场，我国动画发展受到了挤压，这一时期国产动画发展处于低迷状态。21 世纪以来，中国动画找到了新的发展路径，寻求中外合资，但由于资本的注入，商业化特征十分明显，以至于限制了动画的发展。近年来，中国动画积极寻求创新与突破之路，国家也对动画的发展提供了政策支持，随着二维技术、三维技术、CG 技术的不断发展，国内动画电影不断寻求现代科技与动画艺术的融合，并涌现了大批优质动画，如《西游记之大圣归来》《哪吒之魔童降世》《白蛇：缘起》等。

在经历了多年发展之后，我国动画产业得到了前所未有的发展。但在 2000 年以前，业内一直将重点放在如何提升动画制作本身上，没有对动画产业的 IP 价值进行挖掘，IP 衍生品形式单一。千禧年之后，互联网快速发展，动画产业链条逐步开始构建，形成了以玄机科技、北京若森数字科技股份有限公司、光线彩条屋影业、追光动画、北京基因映画影业有限公司、北京寒木春华动画技术有限公司、北京卓然影业有限公司等一批优秀动画企业为代表的动画产业链上游。在动漫影视制作、三维影视制作、动画电影创作等方面均有优质表现。从区域分布来看，华东、华北和华南这些东部经济文化比较发达的区域是动画产业链建设的热门区域，随着动画产业的不断升温，我国文化部、新闻出版总署、广电总局均在推动动画产业基地的建设，并建立了国家动漫游戏产业振兴基地、国家级动漫创意产业基地、国家动画产业基地等。

从产业链中游来看，在动画的传播渠道上，在之前的院线放映、电视投放基础上增加了网络播出，随着网络技术的快速发展，视频网站依据自身的综合优势，一举成为传播的首选渠道，并在内容自制研发、版权内容布局上持续发力。现阶段，我国动画传播以哔哩哔哩（B站）、腾讯、爱奇艺、优酷、芒果等视频播放平台为主要渠道。

从产业链下游来看，动画授权的衍生品为动画受众群体提供了极大的精神需求满足，动画 IP 形象作为文化符号在多个领域变现，IP 授权市场的收益也仍然处于增长态势，各类制作精良、价格合理、文化赋能高的衍生产品受到市场青睐。根据国信证券经济研究所相关数据,2019年,中国IP授权市场规模为844亿元,2024年有望达到1686亿元。随着动画影响力的不断扩大,动画受众从低龄段向全年龄段覆盖,IP衍生品的红利也进一步扩大。

目前,我国动画的周边产品大都集中于以毛绒玩具、手办、服装等为代表的第二产业,但动画作品的版权极易受到损害,盗版现象严重。在第三产业的发展上,我们暂时落后于国外,因此要积极借鉴国外先进的发展经验,以我国本土特色为主,结合国产动画IP进行产业赋能升级。

## 三、西南丝绸之路文化视角下的动画产业链构建

西南丝绸之路是多民族文化交汇之路,其中有较多的动画素材可以挖掘,但目前关于西南丝绸之路题材的动画较少,将其文化元素动画化有极大的可行性。这要求立足西南丝绸之路的独特要点,分析美国、日本等动漫强国的动画制作风格,探寻西南丝绸之路文化与动画艺术的契合点,聚焦动画特色,探索西南丝绸之路文化的动画产业链条构建之路。

(一)上游横纵双向施力,构建西南丝绸之路文化空间

动画产业链条的关键环节在于产业上游。开发与制作环节会影响其下游产业的发展。在上游环节的动画前期制作中,将西南丝绸之路文化层层剖析是搭好西南丝绸之路文化与动画融合的强力地基。

在上游环节,横向推进是指在动画产业的制作环节上的扩张,主要通过文化影响范围的扩大来增强西南丝绸之路文化的普

及度，并建立起原画师、动画制作公司直接沟通的桥梁，因循西南丝绸之路，深入剖析其文化，为动画创作打好基础。在下游环节，继续实施横向扩张计划，动画企业积极扩大西南丝绸之路IP的衍生品类，向玩具、手办等品类以及美妆、香薰、纸巾等日用品延伸。

纵向延伸指的是动画企业按照中下游的产业链条发展模式，垂直深耕细化当前业务，在利用IP文化的基础上，保证产品与业务紧密联系，从而在娱乐板块、住宿板块、休闲板块等不同行业构建出完整的产业链条，比如构建主题乐园、主题旅舍、主题餐厅、主题游戏空间等。从动画本身出发到跳脱二次元世界的现实空间内，都塑造出一种零虚假感的文化接受空间，确保受众在精神领域和物质领域都能充分接触到西南丝绸之路的文化。

## （二）优化中游发行环节，提升西南丝绸之路文化接触率

历来动画作品都是带有极高的后续开发价值与特殊的艺术价值，其中的动画形象所具备的符号价值终归会成为受众群体的情感承载体，并在以后的接触当中成为传播米姆再次牵连受众的情绪。根据篇幅，动画会被分为适合在电视上周期性固定时段播放和单次偶然播放（针对动画电影）两种方式，但随着技术的发展，电视播出已经作为动画电影的备选渠道，而长篇幅的TV动画仍然更倾向于投放到电视上。动画的盈利点也不再局限于电视台这个播出渠道，电视台的播出只是起到宣传的作用。

互联网的快速发展，使以手机、平板为代表的移动端成了人们日常接触时间最长的实体网络接口。动画企业应当积极开拓新的发行销售渠道，一方面，加大新媒体渠道的持续投放与创新延伸。新媒体的新兴传播方式具有极大的互动性和便利性，琳琅满目的动画作品在网络中展出，用户也有了更多的自主选择权利。

这也促使动画企业在保持新媒体输出的同时，又要加大力度探究新媒体发行渠道，开辟新的盈利渠道，并努力创新出一种只适合西南丝绸之路题材动画的传播途径。另一方面，努力开拓海外发行渠道。可以在西南丝绸之路沿线，一段是云南与缅甸的交汇处，另一段是西南丝绸之路的海外段沿线，探索适合当地文化接受方式的推广渠道。还应该开拓国际发行渠道，这也是重中之重，要积极将西南丝绸之路创建为一个动画品牌，将其中的动画作品推向国际市场。

### （三）扩大下游融资渠道，增加动画 IP 衍生品类

动画企业大多是持自有资金进行投资，由于企业规模优先，资产总量不占优势，很难仿照其他公司通过股市来进行融资。中国动画目前的发展并不稳定，除了近几年的热门动画作品，不少动画的投入与回报不成正比，比如《阿唐奇遇》投资成本 8500万元，票房才 3039.4 万元；《豆福传》投资成本 1 亿元，票房仅1592.4 万元；大多数动画公司的盈利模式单一，面对动画市场现状，不敢贸然投入大量资金。动画的创作相较于其他实业来说，难以凭借具体的房产或者设备进行投资抵押，融资也较为困难。如果想要稳定持久地发展下去，就必须拓宽融资渠道，或者利用现有的一些热门 IP 进行衍生品类开发，从而扩大盈利来获得再创作的资金。

动画 IP 的衍生品是动画产业链条盘活资金的一个非常重要的因素，一方面，它可以成为动画产业链上游——动画生产制作的资金来源；另一方面，衍生品的收入还可以用于其他衍生品的开发，是动画产业的主要盈利来源。国外的动漫企业都是依托自身的动画 IP 构建完整的产品版权价值链，并且依托多元的品类和服务获得丰厚的回报。目前国内的许多动画 IP 开发力度不够，往往投入大量资金到动画制作中，而没有考虑动画 IP 衍生品的

研发。对于西南丝绸之路文化的动漫创作，应当考虑完整的产业链条，在策划动漫的同时，应当考虑对后期衍生品类的研发，要建立动漫周边的销售渠道、动漫 IP 的线下主题店，促进动漫 IP 产品的产业化，以实现产值的最大化。

# 第四章　新媒体环境下西南丝绸之路文化的崭新生命力

## 第一节　新媒体媒介终端的特征

### 一、新媒体媒介终端

随着互联网的发展新媒体应运而生。传统媒介如报纸、杂志、电视等已经式微，电脑成为新媒体媒介终端最初的标志。随着数字网络技术和移动通信技术的飞速发展，人们交流和沟通的方式开始改变。大众不再依靠传统媒介接收来自不同地域的信息，手机成为信息传播的主要媒介终端。

手机不仅具备最基本的通信能力，还能浏览报纸、杂志，收听广播、音乐等。随着科技和通信技术的进步，凭借全频覆盖的网络信号，智能手机得到了广泛的应用，受众能够随时观看视频。总的来说，手机终端是网络电脑终端的进一步发展和延伸。科技的不断进步和移动通信技术与互联网技术的不断融合，推动了智能手机更新迭代，还推动了平板电脑等媒介的产生，促进了新媒体媒介终端的发展，可以更好地为受众服务。新媒体媒介终端的发展不仅是媒介本身的创新，也推动了视频创作的进步。

## 二、新媒体媒介终端类特征

新媒体是一种基于数字技术和网络技术的新型传播形式。它主要依托计算机信息处理技术，通过互联网、移动通信和卫星网络等平台进行运作，传送方式主要分为有线通道和无线通道。

网络新媒体和手机新媒体都是新媒体媒介的终端，它们通过移动互联网来传输信息。当前，智能手机快速普及，是最普遍、最快捷的平台，也是大众使用最多的新媒体媒介。手机媒体成为大众在日常生活中获取信息的重要来源。网络新媒体主要是指通过网络发布，以网络名片为代表的新媒体广告形态，是传播效果最好的新媒体广告形式。新媒体媒介终端具有便于携带性、融合性、互动性、个人化等特征。

### （一）便携性

智能手机是新媒体媒介终端中使用最为普遍的设备。与传统媒体相比，智能手机的移动互联终端具有体积小、携带方便的特点和优势，用户能够实时使用手机、电脑等观看视频、获取信息等。在信息快速流通的时代，传统媒体已经不能满足现今社会信息传播的需求。便携性是新媒体媒介终端最基本的特性，这一特性能够满足信息爆炸时代的需要，并迅速传播、推广普及，与无线互联网技术的发展俱进。便携性使用户能快速获取信息，让沟通交流变得更加便捷。

### （二）融合性

随着技术与时代的发展，互联网行业用户明显向移动终端迁移，传统媒体的缺陷愈加明显。技术的发展推动终端产品的升级与创新，获取信息的传统途径如报纸、电视和广播等逐渐淡出用户的视野。智能手机、平板、电脑等新媒体终端作为替代品快速地出现在大众的生活中，成为人们认识世界、接收信息的主流渠道。传统媒体在新媒体环境下只有通过媒介融合跟上新媒体的步伐，才能在媒体行业站稳脚跟。

新媒体媒介终端的融合性源于科技的融合，将具有核心竞争力的产品数字化，将不同媒体形态置于一个传播平台中，实现产品的多元化和多方面开发，通过印刷、手机、网络、电子媒介等进行传播。新媒体媒介终端旨在打破传统广播电视和计算机网络之间的封闭局面，形成网络电台、网络电视、IPTV、手机电视等终端融合方式。

新媒体媒介的出现使得传统媒体的存在环境发生了极大改变。以网络媒体和手机媒体为代表，其交互性、即时性、海量性的特点破除了媒体间的界限，冲击了传统媒体的生态环境。新媒体媒介终端正是由于具备融合性，才能满足用户的体验并适应数字时代的发展。

（三）互动性

与传统媒体相比，新媒体媒介终端具有更强、更明显的互动性。互动性特征是在网络空间发布信息并互相传播交流的过程中形成的。用户通过新媒体媒介终端使用信息的发布、转发、下载、回复等功能，这一过程不是用户单向的使用与体验，而是用户与用户之间的双向互动体验。新媒体媒介终端不再是独立的信息发布者与接收者，用户在使用的过程中也在建立与终端之间的互动性，与传统媒介终端用户只能单向接收信息是不同的。传统媒介终端对信息的发布与接收有着严格的划分，两者之间没有连接与交流，新媒体媒介终端很好地解决了这一问题，用户与用户之间能通过新媒体媒介交换、交流信息，丰富了信息传播形式。

新媒体媒介终端的互动性更多表现在用户之间的互动上。在新媒体环境中,信息是流动的,它可以在用户之间流动,用户的交流过程又丰富了原有信息的内容。新媒体媒介的互动性,相比传统较正式的信息传播更亲民、更大众,会直接反映出大众的意见,赋予普通人更多话语权,也更能反映用户的真实需求。在这一过程中,用户也能获得更多的尊重。这对用户正确使用新媒体、培养良好的品格有着重要的意义。

(四)个人化

新媒体媒介终端在当今社会表现出个人化趋势。与新媒体相比,传统媒体受到技术条件的限制,媒介个人化的特征并不突出。随着时代发展,电脑、手机等新媒体终端普及,用户将成为互联网媒体的主体,成为信息的接收者和传播者,同时也是创作者。

对于信息传播者而言,新媒体的个人化特征主要体现在媒体内容个人化、传播方式个人化、传播风格个人化三个方面。其中,媒体内容个人化是指信息传播者发布的内容具有独特性,信息发布者自己创作编写信息内容;传播方式个人化是指传播者可以自由选择信息传播途径,比如手机、电脑等终端以及各种社交平台等;传播风格个人化就是指信息的表现形式由信息发布者掌控,能够丰富信息的形式。新媒体媒介终端的个人化意味着能够满足个性化需求,能够和信息传播者进行有效互动,人们可以按照自己喜欢的方式接收信息、传播信息。

## 第二节　新媒体传播的优势和途径

目前,随着互联网技术的发展和移动通信网络技术的升级,手机、电脑等移动终端已经普及,新媒体技术的利用程度较高,打破时空限制，已经可以真正做到无处不在，无时不显。新媒体在信息的传播中具有优势，分析新媒体的传播优势有助于我们利用新媒体提升西南丝绸之路文化的国际影响力，挖掘我国传统文化并使其在当今世界迸发新的生命力。新旧媒体相互补充，相互作用，创造了一种新的传播范式。同时，网络信息本身所包含的文化形态也能够以全覆盖、全时段的方式有效地传达给目标人群。

## 一、新媒体的传播优势

### （一）传播渠道多元化

新媒体时代，由于媒介种类的增加，信息传播的渠道更加多元化。与传统媒体不同，新媒体技术主要以图片、文字、视频等多种传播方式，吸引受众接收信息。传播渠道的多元化为新媒体传播提供了多样选择，帮助用户自主参与、选择渠道获取信息。同时，传播渠道的多元化还使得信息传播者与信息接收者的关系趋于平等，用户不再是被动接收信息，其身份逐渐转换为信息流通的主体，这一发展变革适应了当下的传播需求。

传统媒体的传播形式是"点对面"的单向线性传播，受众在传统媒体中是被动的信息接收者，面对信息只能选择接收与不接收，不能真正自由地驾驭信息来源与传播，其传播形式单一固化。而新媒体传播信息的媒介终端种类多样，传播渠道多而广泛，信息传播的方式为交互式，提升了用户的主体性。对新媒体技术的利用能够实现信息双向流动，帮助受众在使用过程中获得更多的主动权，提升了用户的互动体验。例如，用户可以选择只阅读自己感兴趣的信息内容，或者订阅自己喜欢的资讯。同时，用户还可以通过各新媒体社交平台进行互动，及时反映自己的情感态度和想法，并收到相关反馈。

新媒体渠道的多元化旨在丰富用户获取信息的途径，强调用户当前在信息传播中的主体性，以及加强用户与新媒体媒介之间的联系和互动性。新媒体符合信息时代的市场规律，贴近市场需求，能够拓宽传播渠道。另外，这种信息传播形式属于网络社交活动，依托新媒体技术在虚拟世界中的对话，打破了传统固有的对话模式，也突破了网络用户固有身份的局限。新媒体对传播渠道的多元化必将打开更广阔更高效的传播空间。

（二）承载海量化信息和信息碎片化

随着科学技术的推进与创新，新媒体能够承载海量的信息并将其碎片化，这一特征满足新时代对消息数量承载的需求，也契合快节奏时代下高效接收信息的趋势。新媒体以数字压缩与网络技术为支撑，由于传播主题与方式的多样化，人们可以通过各种信息数据库，不限时、不限量地存储和传播信息。当代生活节奏越来越快，人们主要通过碎片时间来吸收信息，也促使碎片化信息的产生。

微博、手机客户端等受字数或界面限制的平台通常会使用简短语句、文字符号、表情包等快速传递信息。促使人们在新媒体平台聊天过程中使用更多较简短的信息表达形式，最大限度地满足受众的表达诉求，推动更多信息的传播。

新媒体时代的独特优势之一是时间被割裂成很多份，不同时间段都会有新的信息出现。信息随时更新，时间碎片化，相比传统媒体，信息的传播时间间隔较短，更强调传播内容与信息组织的简单化。在快节奏的现代社会，"碎片化"已经成为鲜明的时代特征。人们没有足够的时间去阅读和搜索信息，大都是选择用手机、平板、笔记本电脑等移动终端媒介进行信息的接收与发布，但这种信息的接收与发布是零碎的。

同时，海量化的数字信息在传播过程中更新迭代更快，新的信息越来越多，庞杂的信息让人目不暇接，人们很难专注地接收完整的长信息。注意力在接收信息的过程中容易被转移，造成信息的碎片化。

在数字信息时代，人人都可以成为信息传播者，也可以随时对自己想要的内容进行检索。以互联网为代表的新媒体具有超链接功能，可以将信息与相关的背景信息以及评论等联系起来，形成一个信息全貌。目前，我国新媒体的力量不断壮大，传播范围不断扩大，传播方式也更为自由。随着数字技术的高度变革发展，信息不断更迭与延展，使得信息的内容具有无限的扩展性与丰富性。这决定了新媒体时代信息传播空间的无止境，能够满足不同人群的信息需求。

（三）资源共享性

资源共享是新媒体时代的重要特征。在互联网上，信息共享不受限于地域、行业、年龄等，人们可以下载自己需要的资源，也可以上传自己拥有的资源。在媒体融合的背景下，传统媒体与新媒体的融合发展，能够实现媒体资源的共享，增强获取信息数据的便利性。资源共享提升了信息在新媒体上传播的速度，扩大了信息的传播范围，使得新媒体成为全球化的媒体。新媒体时代也就是信息时代，信息的传播速度与范围反映了新媒体的发展状况。

（四）信息传播及时性

与传统媒体相比，新媒体的信息传播具有更高的效率。传统媒体在传递信息的时候需要经过筛选和编辑，其传播速度会受到各个方面的影响，致使受众在接收信息时具有一定的滞后性。而新媒体传播的载体是光纤通信线路，具有很快的传送速度，同时新媒体有很强的时效性，可以按照市场规律与需求高效率传播信息，这是新媒体区别于传统媒体的重要特征之一，也是新媒体传播最大的优势之一。

在新媒体时代，传播主体不再主要依靠政府机构，人人都可以成为传播者，通过网络平台实时传播自己的所见所闻，信息的发布权利掌握在大众手中，加强了传播的及时性。同时，新媒体有大数据技术的支撑，可以快速及时地呈现实时新闻与内容，并容纳人数众多的用户同时在线观看、分享信息，这也是传统媒体无法做到的。新媒体通过现代信息技术的支持，将传播及时性这一特性发挥到了极致。

（五）个性化与主动性强

在技术条件和时代变革的背景下，受众对信息的接收，从大众化趋于个人化。新媒体媒介终端后台能通过用户的使用数据来分析用户的喜好，对信息进行分类，从而有针对性地向用户输出内容，这与传统媒体向所有用户输出的传播方式也是不同的。新媒体传播内容的输出用户更具象、更具有针对性。而用户在使用的过程中，也能根据喜好来搜索信息，从而形成很强的个性化特征。

在新媒体的背景下，受众种类的划分更加精细明确，媒体可以单独面向个人，个人又可以通过新媒体搜索自己需要的信息。例如，抖音和小红书这些平台就有着十分明显的个人化倾向，每位用户打开界面呈现的内容都是不一样的，平台提供的内容与用户本身的喜好有着很大的关联性。

除了在内容的输出上个性化，新媒体用户传播信息的表达形式也具有个性化特征。新媒体在传播信息的同时，也在创造着新的传播形式。大众不再是单纯地接收信息，接收者对信息有疑问时，可以通过网络媒体第一时间了解到相关信息，用手机查阅相关信息,也可以通过微博、今日头条等平台传播这一资讯,并发表自己的看法。新媒体传播过程中的个性化彰显,是新媒体的重要特征之一。

在过去的媒体传播体系中,人们一直扮演着被动接收消息的角色,缺乏选择权和广泛的发言途径。但在新媒体时代,人们不仅可以主动接收信息,而且可以成为信息发布者,其传播方式是双向的。传统媒体主导着受众,新媒体则是由用户主导获取和接受。这意味着受众有更大的选择权,可以主动选择想阅读的信息,还可以参与信息传播,满足了信息消费者的细分需求。

## 二、新媒体的传播途径

新媒体是一种利用数字技术,通过计算机网络、无线网络、卫星等渠道向用户传播信息和服务的传播形态,也被形象地称为"第五媒体"。

### (一)手机媒体

手机媒体是目前在新媒体领域中应用最广泛的媒介移动终端,作为新媒体主要的传播途径,在较短时间内以即时性、互动性的特点替代了传统单向的、被动式的信息传播,并凭借准确、强大的数据库挖掘分析功能,实现了真正意义上的分众沟通。随着移动通信网络环境的不断完善和智能手机的普及,越来越多的人倾向使用手机媒体获取新鲜资讯。智能手机、平板电脑以及应用平台的普及,使得受众可以在移动设备上接收视听内容,并在不同平台之间进行传播,受众脱离了传统意义的被动传播模式,开始主动寻找,并乐于传播分享,受众的信息获取习惯已经渐渐从传统媒体过渡到新媒体。因此,新媒体在传播途径上也侧重于手机媒体这一重要移动媒介终端。

## （二）移动电视

移动电视，也称为流动电视、行动电视、手提电视，是一种以广播方式发送电视频号到移动设备的技术，不经过移动网络或互联网，直接在大气电波中发送。虽然在新媒体传播中，移动电视所占比例相对较小，但它仍然是一个重要的传播途径。

移动电视的覆盖范围广泛，符合当今时代发展和人民生活的需求。移动电视通常应用于公交、大巴、地铁等交通工具，在受众短暂的乘车、等候电梯等时间内，进行信息传播，同时以帮助受众娱乐消遣。在乘坐地铁时，手机信号有时会受到影响，但移动电视不受此影响，能够流畅地播放广播、信息广告等。这些特点都能够使移动电视最大限度地发挥自身的优势，因地制宜地产生良好的传播效果。移动电视由于具有移动特征，其传播范围不固定，具有流动性，传播范围也在不断扩大，是流动场所最有利的传播媒介。同时，时事新闻信息等能够快速同步在移动电视上，提升信息传播速度。随时随地抓住有限的时间覆盖更多的受众，是移动电视在当前新媒体传播中的一大优势。

## （三）交互网络电视

各种新媒体的出现，为受众提供了更多的选择和便利，也为信息传播带来了更多的可能性。随着网络技术的创新，交互网络电视应运而生，成为一种新型电视媒体。它融合了传统移动电视的优势和网络交互传播优势，使传播者与接收者之间的互动更灵活。

在传统媒体时代，电视是重要的传播途径之一。在新媒体时代，电视也在进行自我革新以应对时代的需求变化。现代电视不再像以前的传统电视那样，用户只能完全被动接收信息的传播。例如，电视节目播放时间不能由用户更改，播放内容不能由用户选择。相反，以用户为核心，交互网络电视将网络与电视相结合，用户可以随时指定观看某个电视节目，也可以选择搜索某部电视剧或其他节目观看，极大地满足了受众的收视需求。现在，交互网络电视已经成为新媒体的一大类型，给了用户更多自主权。在这个背景下，充分挖掘新媒体的传播优势，不断增加新媒体的传播途径是非常有必要的。

（四）网络社区

网络社区是新媒体传播信息的重要渠道之一，新媒体主要是依靠网络进行信息传递，而网络社区则为信息的传播提供了重要平台。网络社区为网民在虚拟世界中进行互动交流以及信息分享提供空间，今日头条、微博、小红书等是目前最主要的表现形式。作为新媒体传播的重要途径之一，网络社区的用户数量庞大，信息内容极其复杂，传播的力度与范围也相应较大。信息在网络社区不断交织，逐渐形成一张巨网，促使信息传播者与接收者之间的联系愈发紧密，双方共同处于一个巨大的社区环境中，不断扩大新媒体的传播范围。人们在网络社区中的评论可以看作与信息传播者之间的互动，在新媒体时代，用户在媒体传播中起着不可忽视的作用。网络社区的迅速发展推动了新媒体环境下传播范围的延伸。

（五）网络直播

随着新媒体的发展，各种新型媒体和传播形式不断涌现，直播已经成为对很多人的生活和购物产生重要影响的方式。在过去，用户获取信息的主要渠道是电视新闻节目，但电视新闻节目强调传播内容的精准性和实效性，缺乏娱乐性和回溯性。此外，当前社会背景下，信息和内容的传播速度越来越快，许多人获取信息资讯的方式不再局限于电视新闻节目，而是更多地关注微博、抖音、今日头条、微信等客户端和新媒体传播平台,接收碎片化的信息和内容。专门以直播为主的移动客户端也应运而生,如游戏类直播 App 虎牙、熊猫等,以及衍生出直播带货的抖音、快手、淘宝等。这些新型媒体和传播形式正在急剧改变人们接收信息、购买物品的方式。

如今,网络直播作为信息传播的主要途径之一,具有重要的影响力和地位。网络直播的传播形式是对传统传播形式的转型和变革。网络直播为观众开拓了新的接收信息的渠道,确保受众能够最快速度地获取所需的信息。

(六) 网络视频

在信息时代的今天,网络视频已成为新媒体行业中备受瞩目的冉冉之星,是主流传播内容的重要媒介之一。网络视频的兴起符合时代潮流,推动了信息传播由文字和图片向视频转变。网络视频的传播模式是双向的,观众可以通过弹幕和评论与平台以及其他观众进行互动。这种传播和交流方式以观众为中心,突破了传统媒体的信息传递方式,使观众具有了更多的自主权,观众能够自由选择观看哪种节目并进行评论等。

网络视频由长视频和短视频两种形式组成。长视频主要是电视剧、电影、戏曲、音乐剧,腾讯视频、爱奇艺、优酷等 App 都是长视频的主要发布平台。近年来,随着通信网络技术的不断发展和视频技术的革新,网络媒体不断崛起,网络从 2G 发展到 5G。爱奇艺、优酷等网络视频播放平台在视频清晰度、流畅度、时长、倍速等方面不断改进,尽量避免延迟、缓冲等情况,为观众提供更好的观看体验,最大限度地满足观众的需求。网络视频行业迅猛发展,加速了新媒体传播的进程,并衍生出短视频这一形式。

新媒体短视频具有传播速度快、容纳能力强的特点。借助新媒体平台，短视频能够实现"病毒式"传播，使一条消息能在短时间内被大量用户观看。而短视频平台依托强大的数据监测能力和对海量用户的承载能力，避免了网络崩溃等风险问题。

新媒体短视频具有广泛的传播影响力和高黏性，能够满足用户多方面的需求。而短视频的知名博主作为短视频的主要常驻用户，对大众有着极强的影响力，其发布的视频动辄就是上百万次、千万次的播放和转发，对事件和热点的传播发酵起着催化作用。如图4-1所示，李子柒是较早从事短视频创作的创作者，她的创作内容是基于中国传统文化，分享中国农村生活日常，其视频主要弘扬中国优秀传统文化的起源、民俗等，吸引了大批国内外的粉丝，具有很强的影响力，不仅使国内很多青年重拾传统文化，也让更多外国友人了解中国文化内涵。

图4-1 李子柒用短视频传播中国传统文化视频截图

新媒体短视频还有着很强的用户黏性，用户的自主参与程度高。很多人乐于分享个人生活，新媒体时代下人人都能创作分享自己的生活。在这一过程中，分享的形式逐渐由静态的照片文字趋向动态的视频。这一趋势与当下信息、时间碎片化特征有着很大的关系。短视频制作简单方便、易于上手，使用户不再是单纯浏览他人的视频，自己也能成为视频平台的创作者。这与短视频的性质也有着很大的联系，短视频更偏向生活化、个人化、娱乐化，用户不分年龄、性别都能轻松参与进来。

## 第三节　新媒体环境下动画的文化属性和传播途径

### 一、新媒体环境下动画的文化属性

在现代社会，动画作为一种艺术形式，是文化背景下有意识的创作，因此其本质必然带有文化属性。然而，在新媒体和计算机技术的快速发展下，动画作品的艺术本体语言逐渐流失，过度依赖技术的工业化生产方式使得动画作品更像是大众文化消费品，以技术堆砌和视觉狂欢为卖点，迎合人们快餐式的消费理念。文化过度商业化与艺术商品泛滥化使得动画作品的文化精神逐渐缺失。目前中国的动画产业发展产量提高、更新速度加快，商业性增强，整体质量较以往有很大的提升。但动画产业作为属性很强的文化输出形式，有必要均衡好艺术与商业之间的关系。动画的质量不能只展现在制作技术上，而忽视了本质。动画的核心更多是要讲好故事，表达文化内涵，输出优秀品质，潜移默化地让人们受到启发和教益。动画文化涵盖了民族文化意识与文化价值，能够培养新一代的文化认同意识，从而增强青少年对民族文化的了解与认识。

在新媒体时代，信息传播更加迅速，来自不同地域的信息相互交融碰撞。动漫的跨国际传播是文化由一个社会群体向另外一个社会群体的传播过程,是文化传播的形态之一。外国动画作品给我国动画产业带来巨大的影响。美国和日本的动漫作品在中国动画市场占主要地位,这些作品的文化影响力给中国的传统文化造成了巨大的冲击。这种影响导致中国动画市场上的广大青年受众认同西方国家的价值观和生活方式。这种冲击对中国动画产业具有一定的激励作用,但也揭示出了中国动画产业市场长期存在的缺陷。随着动漫受众数量的增加,对动漫作品的消费需求不断提高,对动画作品质量的要求也越来越高。早期对动画制作理念的认知偏差导致中国本土动画作品大多只针对青少年和低龄儿童,内容浅显,形式幼稚,没有广泛地覆盖青年人群,忽视了这个庞大的消费群体的动画消费需求。

现今,随着新媒体的快速发展,受众的多样需求日益突出。国内动漫创作者已经注意到青年动漫受众的消费需求与消费潜力,先后创作出《秦时明月》《大圣归来》《白蛇·缘起》《姜子牙》以及《杨戬》等优秀国产动漫作品,并获得了良好的反馈。但国内目前在动画领域中的优秀作品数量占比仍然非常小,动画制作技术也不能比肩日本、美国这些动画创作大国,还不能完全应对日本动画和美国动画造成的文化冲击。而动画的文化属性意味着中国动画行业必须对中国动画的发展和影响有更清晰的认识。

## (一) 政策对动画产业的扶持

动画产业主要包括影视、网络、音像书籍出版、玩具服装、主题公园等现代文化产业,动画文化对经济的拉动作用巨大,具有强大的经济能量。《2020年中国动漫产业研究报告》显示:"2015—2018年中国电视动画进出口额对比,动画进口份额从2015年的4亿到2018年快速增到25亿,动画出口份额逐年减少。"这一现象一方面反映了当前我国对动画的消费需求越来越大，另一方面也反映出我国动画产业在发展上后劲不足。国外动画一旦占据中国动画的消费市场，也会相应地进行文化输入，比如美国动画电影倡导个人英雄主义思想，突出强调个体。

动漫文化是动漫作品的本质文化，借助动漫作品及其衍生产品能够提高国家文化软实力，塑造国际形象，促进中国文化的传播。目前，动漫已经成为一种极具价值的精神文化财产，是文化输出的主要形式之一。发展我国的动漫文化，不断提升我国动漫的原创性，对于提高民族自信心和自豪感有着重要的意义。在美国、日本和韩国等国家，动画文化的社会认可度极高，动画文化作为主流文化占据民众的日常生活，便利店、商场、超市随处可见动画文化的身影。此外，作为动漫强国的美国和日本，不仅能从动画行业获取巨大经济效益，还运用动漫文化潜移默化地将自己的价值观念、审美情趣等进行文化输出。而中国动画作为文化产业中的一种，在当前激烈的市场竞争中处于弱势地位，动漫文化还是一种亚文化，没有得到大多数人的认可。动画创作没有获得足够的资金支持，动画制作技术不够精良，在原创能力、人才培养、技术开发等方面还需要进一步提高。

动画产业具有很好的市场前景，国家应给予动画产业有力的政策扶持，比如在教育上开设动画专业，大量培育动画专业人才，科技上提供制作动画所需的技术硬件设施；国家产业政策方面，进行政策引导，改变大众对动画的片面认识，比如长期存在的偏见：动画只适合儿童观看。这些政策扶持有助于为动画产业的发展提供一个良好的外部环境。政策的支持帮助减轻动画企业的资金压力，能从根本上更好地帮助动画产业往积极的方向发展。目前，日本、美国等动漫生产大国仍主要占据中国青年受众人群的动漫市场，但国内动漫创作有了良好的政策支持，加上国内消费人群对中国动漫作品认识的改进，中国动画产业会不断趋于成熟，进一步推动中国动画发展。

## （二）动画从业者创作观念的改变

在新媒体时代，动画创作观念有了明显的改变，主要表现在动画从业者对动画受众群体有了新的认知。之前在传统媒体时代，动画创作者具有一定的认知偏差，其创作思维被局限，对动漫文化的建构形成了阻碍。这一概念认知偏差也影响了受众的分类。大部分动画创作者认为动画仅适合青少年以及低龄儿童观看，继而造成动画长期将受众定位在青少年以下群体的局面。中国动漫受众群体小实际上是受到了人为的影响，从而错失了很多动画市场份额与发展机遇，也没有形成科学的动漫文化氛围，致使中国动漫在传统媒体时代缺失了自己独特的动漫文化环境。

在新媒体时代，动画创作者对动漫的本质有了更加清晰的认识，即动漫的核心应该是"娱乐"而不仅是"教育"。动画作为一种艺术表现形式，必须打破传统的思想观念，通过作品的创新来吸引更多的观众。因此，近年来出现了面向不同年龄群体的动画，涉及的题材内容也变得更加多样丰富。如《十万个冷笑话》在播出后迅速赢得了广大年轻受众的喜爱。

新媒体下的动画发展必然受到科技进步的影响。传统的中国动画主要采用手绘，以二维的形式呈现，动画形象扁平，对视觉观感度差。虽然二维动画中也出现了一些动画精品，但屈指可数，其中主要原因就是受制于技术，不能满足受众视觉观感上的要求。动画产业在开始使用软件制图后便快速进入三维作图领域，动画制作软件的功能不断丰富，给动画的创作提供了技术支持，能够最大限度将创作者的想法通过软件制作出来，并最终以动画的形式呈现给观众。动画制作技术的发展推动了动画从业者技术观念的改变，更多新的技术被运用在动画创作中。如2023年横空出世的《中国奇谭》（见图4-2），在中国动画界引起热烈的讨论和追捧。

第四章　新媒体环境下西南丝绸之路文化的崭新生命力

图 4-2　中国动画《中国奇谭》海报

（三）受众群体观影心理的转变

在传统媒体时代，无论国家政策还是动画创作者的创作观念，都将动画受众定位于低龄儿童，大多数人受此影响，也始终认为动画就是为小孩子制作的。如今出门看电影已经成为人们娱乐的主要方式之一，这对促进动画电影行业的发展有着积极作用。热爱中国神话传说题材的新生代青年是促使动画产业创新转型的潜在观众，要满足其对中国古代文化的认识和兴趣，又不能与旧时的同题材动画雷同，这督促动画创作者去创新突破，从而满足当代受众群体的新的审美需求和文化需求。

针对青年群体的需求进行创作的动画作品好评如潮，获得了很高的评价和票房。如《大鱼海棠》《哪吒之魔童降世》以及图4-3 所示的《雄狮少年》等动画电影，其内容更偏向成年群体。动画质量的提升也推动了动画电影的观看量的提升，改观了人们对中国动画的评价。动画这个话题不再局限于儿童，而可以成为不同年龄层次人群共同的话题。

图 4−3　中国动画《雄狮少年》海报

（四）新媒体动画传播的优势

动画的表现形式主要是动画技术与艺术想法的结合。新媒体技术的发展推动动画形式的变革，延展了动画的传播范围和功能，给观众带来不一样的感官体验，使动画成为一种新的视觉艺术。新媒体对动漫产生了重要影响，主要体现在传播、互动、娱乐等方面。动画产业与新媒体技术的发展方向是一致的，在新媒体技术的支持下，动画创作者能创造出更符合当代受众需求的作品。新媒体技术的不断更新与开发也为动画产业开拓了商业模式和新的机会，为动画产业带来有力的技术加持，可通过新媒体技术与中国文化的融合搭建一个崭新的中国动画平台。除了制作技术的支持，新媒体技术的发展还帮助动画产业降低了制作成本，提高了动画制作效率和动画质量，这为创作者提供了极大的创作便利，也降低了制造商制作动画的成本风险。

多媒体多平台的跨界与联合，帮助我国传统文化类动画电影在内容与形式上转变，加速扩大中国本土动画产业的商业市场，拓宽中国动画产业领域方向。有新媒体技术的支撑，各平台和媒介之间都能互通联系，能用最短的时间广泛地宣传动画产品，通过线下影院、网络视频、微博等平台的传播推广，快速提升动画作品在受众中的认知度、影响度和话题讨论度。充分利用新媒体的话语环境，最大化推广中国动画产业，推动我国文化产业在动画市场中的运用和发展，提升动画产业的变现能力，顺应乃至引导观众的审美喜好，营造良好的中国动画产业模式。

新媒体的传播方式能够帮助动画产业扩大受众群体。传统媒体下动画主要通过固定式媒介终端如线下影院和电视机来传播，新媒体则可以提供更灵活、形式种类更多样的传播途径，扩大受众群体。在网络信息时代，传播媒介如智能手机、平板电脑、户外移动电子屏、移动电视等媒介让置身于数字产品中的人群随时随地接收信息。除了这些大众常见的传播形式，新媒体技术的发展如 VR 虚拟体验等也能帮助动画更好地向观众输出，让更多人认识中国动画，为动画本身带来更高的讨论度。这些传播帮助更新观众对传统中国动画的固有观念，也为中国动画产业讲好"中国故事"打下较好的受众基础。

当前，3D 动画在中国动漫产业中占比逐渐加大。刘阔导演的《风语咒》（如图 4-4），饺子导演的《哪吒之魔童降世》（如图 4-5），2022 年追光动画出品的《杨戬》，2023 年的《三体》和《深海》，这些作品让中国动画走上了世界舞台，让更多人了解中国动画和中国文化。

图 4-4　中国动画《风语咒》海报

图 4-5　中国动画《哪吒之魔童降世》海报

## 二、新媒体动画的传播途径

新媒体技术使动画传播从大众向小众发展，实现了多对多的传播，注重受众心理的变化，一定程度上赢得了受众的欢迎，促进了动画文化在当今时代的快速发展，推动了动漫市场份额的不断扩大。动画与新媒体的结合催生了新的媒体形态，消融了固有的传播界限。新媒体媒介终端是动画多样化传播方式的载体，是动画传播的重要支撑。新媒体动画的传播途径主要分为以移动媒介终端为主的播放平台和以固定新媒体为辅的播放平台。

(一) 以移动媒介终端为主的播放平台

新媒体作为媒体形态的一种，依靠数字技术的支撑，通过网络向用户传播信息，这种独特的新媒体形态打破了地域性的束缚。移动媒介终端主要包括智能手机、笔记本电脑、车载电视等，具有网络覆盖范围广、受众多的特点。其中手机是大众最常使用的移动媒介终端。手机是新媒体动画输出的最重要的平台之一，在信息化时代，手机已经成为人们生活中使用时间最长的移动终端，人们接收的绝大部分信息都来自手机。

新媒体时代动画的传播渠道日益增加，用户相比传统媒体时代更能够自主参与到传播体系之中。动漫传播渠道的多元促进了用户选择的多元，满足了不同年龄、群体的消费需要。在新媒体时代，传播的数字化使动画可以在较短时间内覆盖更大范围的受众。观众可以不再受物理环境的限制，无需坐在电影院和电视机前就能随时随地观看自己喜欢的动画。新媒体传播方式极大地满足了用户的个性化需求，受到了大众的欢迎。

网络视频平台的动画内容丰富度和自由度更高，每个人都可以通过网络发布评论，动画作品不再单纯是动画创作者的一次创作，经过观众的吸收后二次输出的动画才算真正完成。观众对动画内容与表现形式的评论也能帮助创作者了解观众的喜好，推动动画之后的个人化导向，将传播形式从无目标群体的中心散发式传播转向特定的用户主体。移动媒介终端传播速度快，为观众节约了等待的时间，避免消息的滞后。移动媒介终端迎合当下快节奏的生活方式，使用户能随时随地观看动画，提高了动画的娱乐性能和时空转换性。在科技高速进步与创新的今天，移动媒介终端必然是中国新媒体动画发展必不可少的媒介依托。

## （二）以固定新媒体为辅的播放平台

固定新媒体相比移动媒介终端，操作更简便，播放更灵活，其种类多样，如台式电脑、数字电视、广告屏幕等。以固定新媒体为辅的播放平台支撑移动媒介终端，共同为大众传播服务。

随着电视的普及，我国动漫产业开始跟上电视动画片的国际潮流，电视台成为动画作品推广的重要渠道。而随着新媒体的迅速发展，数字电视成为固定新媒体的重要代表，动漫产品的推广与传播方式，已经发展成电视台与电影院结合及营销衍生品的方式，先利用数字电视推广，再推广相关衍生产品，数字电视与影院数字屏幕共同促进了动画的传播。

电视是历史最为悠久的动画传播平台，受众主要通过电视来了解动漫的内容、形象、品牌等信息。与传统媒体时代的电视相比较，新媒体下的数字电视具备即时点播的互动功能，受众可以根据自己的观看时间和意愿选择动画。

固定新媒体的种类随技术革新变得多样，通过数字电视这类固定新媒体传播渠道进行大范围覆盖，为动画提供了多样的传播平台。随着5G技术的普及，移动媒介终端的性能和接收能力都得到了极大的提升，改善了画面的质量、清晰度、流畅度，这对促进动画的传播有着重要的积极作用。

## 第四节　新媒体环境下传播语境的改变与多元化文化形式的产生

### 一、新媒体下传播语境的改变

（一）新媒体与传播语境

新媒体是一个相对的概念，"新"是相对于"旧"而言的，相对于报纸，广播是新媒体；相对于广播，电视是新媒体；相对于电视，今天的网络又是新媒体。

每一个时代都有具备自己特色的传播语境，传播语境与所处时代的环境和社会结构有着必然的联系。媒介作为大众传播内容的载体，其形式随时代变迁也在不断地变化发展，有的沿用至今，如电视机、手机等，有的更新迭代，如投影仪等。新媒体媒介潜移默化地渗入人们的日常生活，无时无刻不对整个社会的环境与结构产生潜在的影响，改变着人们的生活行为和传播方式。

新媒体语境，"意味着一种新的认知框架和价值安排：新媒体介入下的话语表达、社会性格和文化形态"。新媒体语境不是对传统媒介的摒弃与替代，它更多是与旧媒介相辅相成共同作为载体为大众服务，并在这一过程中逐渐衍生出技术性更好的新媒体媒介形式，这些新旧媒体和谐共处于大众的生活中，构成了不同于过往的社会结构，创造出新的传播模式和体系。

从认识论的角度，新媒体语境也可以扩展为一种思维框架、一种理论范式以及与一定的社会、历史、政治、经济、文化、科学、技术等要素之间的相互作用和相互联系。新媒体语境是由新媒体社会影响的普遍性扩张进而内在化地改造社会结构而形成的信息化社会里一种独特的社会传播体系，是在一定时期内影响和制约人们认知和实践的一种意义背景和文化形态。①

当下的新媒体语境具有去中心化、趋向大众化、个人化等特征。媒介的革新改变大众的传播语境，不同于现实生活环境，网络空间的虚拟性使人们可以隐藏身份、地位、年龄、性别等特征，隐蔽阶层差异，对话上具有更大的平等性。网络空间的虚拟性也使用户能更直言不讳地表达自己的观点，发表自己的言论，这无疑是当代网络新媒体独特的话语传播语境。

（二）新媒体下传播语境的特征

1. 科技进步改变传播语境

科技进步推动网络技术的革新，从最早期的 Web1.0 步入 Web2.0 时代，再到提出 Web3.0 的概念，可以看出新媒体传播语境的去中心化、媒介形态信息化趋势，并强调交互的重要性以及尊重用户主体性和内容与形式的开放性。科技发展是新媒体技术不断迭代更新的基础保障，技术的进步能推动新媒体变革，从而满足大众不断变化的使用需求。在科技发展的过程中，传统媒体也没有被完全抛弃，而是与新媒体走向多功能一体化，不断地融合发展，提供更多元的传播形态。

新媒体技术快速发展使得传播环境发生了变化，人们的接收方式和观念也有显著改变。科技的每一次进步与革新都推动了传播语境的转变，传播媒介不断升级与完善，社会结构、文化传播方式和人们的生活方式也随之改变。

人们通过手机、平板、电脑、移动电视机等移动终端之间的

---

① 杨振英，刘石检. 新媒体时代的语境解读 [J]. 今传媒，2013 (05)：97-98.

互联，能快速地在各传播媒介中自由切换，同步平台信息，生活更快捷便利。如现在人们可以通过安卓手机的蓝牙同步分享功能和 iOS 系统的隔空投递功能，快速获取自己需要的内容，不用像传统媒介只能通过 U 盘或耗时耗空间的方法来传输内容，这些技术支持都有效提升了人们日常工作、生活的效率。

2. 传播语境趋于全球化、数字化、信息化

当代发展趋向是全球化、数字化、信息化。信息化指的是传播内容变化，数字化指向传播技术变化，全球化则指向传播范围的变化。

全球化的传播语境颠覆了传统的时间观念。人们在全球化的背景下创造世界、改造世界。全球化首先表现在传播推广的范围比以往任何时候都更广泛，传播影响力更大。即使是在最偏远的山区，人们仍然能通过通信技术和网络技术获得最新的资讯，与世界的任何一个地点发生的事产生认知联系。在这种全新的传播语境下，人们之间的联系更加紧密，信息和资源更加具有共享性。传播语境趋向全球化有利于减缓国家与国家之间的政治冲突和文化冲突，一定程度上消融了国家与国家之间、地域与地域之间的界限，从而创造出一种全球共享、互联的新媒体传播生态。

同时，新媒体技术的创新也在不断推进传播语境走向数字化和信息化，且在当代生活中应用得越来越普遍，并不断地趋于完善，如现在致力打造的元宇宙空间和已经应用在游戏领域、艺术领域和教育领域的虚拟数字技术等，都逐渐在大众的日常生活中占据一席之地。科技性的表现形式与便捷的内容传播方式是当代人们喜闻乐见的传播行为，传播语境走向数字化和信息化是必然的发展趋势。

### 3. 新媒体下多元化文化形式的产生

新媒体与新技术的结合作为一种颠覆性的技术手段，对当代中国的各个领域都有着极为重要的影响。文化的多元化产生与时代背景有着很大的关系，随着时代发展，社会结构复杂化，文化也趋于多元，多种文化既杂糅又独立存在，各种文化之间的融合与创新面临着新的挑战。

在新媒体时代，中国文化在一定程度上保留其传统性，又结合新媒体表现出多元性特征。当前以网络、数字电视、手机为主的新媒介不断发展，与中国传统文化发生激烈碰撞，新的文化形式不断产生。

亚文化与边缘文化是新媒体时代突出的文化形式。在新媒体时代，社会大众的需求日渐复杂多样，各种媒介的推广使用给大众提供了各抒己见的场地，促使更多原创视频的产生，推动了亚文化以及边缘文化形式的产生。

## 第五节　交互动画驱动下的西南丝路文化探求和审美

### 一、西南丝路文化特征在交互动画中表现出的民族性

#### （一）交互动画

交互动画是指在动画作品播放时支持事件响应和交互功能的一种动画。动画的播放过程可以控制，这种控制既可以是人为实

时操作，也可以预先设置。交互动画改变了观众与动画之间的交互关系，观众从被动接收动画内容转向主动选择，有了跨越式的创新。交互动画是数字媒体技术下的产物，具有便携性、交互性、多元性、技术性等特征。

交互动画在设计的过程中注重以人为本的设计理念，注重使用的便捷性。

交互动画在运行的过程中依靠数字媒体技术，能提供触觉、听觉和视觉等多种感官效果，为用户带来更加丰富的感官体验。这一体验的过程即动画与用户之间的互动过程，对用户深入感受动画具有很好的促进作用。

交互动画的表现形式伴随科学技术的进步走向多元化。交互动画可以在计算机、智能手机、数字电屏、平板等电子媒介上使用。电子媒介界面的大小、浏览方式的不同等，都催发交互动画在形式与内容上更加多元。电子产品的普及推动了交互动画多元性特征的生成。

交互动画有很大的发展空间，抓住交互动画的特征优化其表现结构，能为我国的动画发展开辟出更美好的动画前景。

（二）西南丝绸之路文化特征的民族性

民族性融合在动画中，主要表现在形式和内容上，如将某一文化元素进行变形调整加以应用，或者用新的形式来阐释原来的文化，从而创造出具有新的民族文化形态的内容或精神。

文化符号与文化精神从具象与抽象两方面显现族群文化。动画对特定文化符号和相应文化精神的选择与应用，彰显着相应的民族文化特征。以交互动画游戏为例，手机游戏《江南百景图》进行了很好的融合与创新（如图4—6）。玩家可以选择自己喜欢的职业开启全新的人生旅程。不同于以往手机游戏，《江南百景图》是别致的水墨画风，游戏背景设定在明代万历年间一幅被大火烧毁的画卷里，画面具有中国民俗画风格，新颖的表现形式深得玩家喜爱；游戏中的古建筑和人物也参考了张择端的《清明上河图》和唐代名人的形象。《江南百景图》利用数字技术将古时的历史人文具象化为游戏元素，对历史人物的生平事迹进行二次创作。总体说来，《江南百景图》的交互设计非常和谐，通过交互动画游戏这种创新形式，讲解中国历史文学，传播优秀传统文化知识。从游戏本身来说，相比以往的手机游戏，玩家在互动的过程中的感官体验也更好。

图4-6 《江南百景图》游戏界面

在西南丝绸之路文化的民族性表达中，民族文化和民族精神是其核心。此类动画为不同民族文化的交流提供了广阔的平台。

## 二、西南丝绸之路文化在交互动画中的审美追求

动画作为一种艺术形式，具有独特的审美追求。动画不仅要满足观众在视觉上的审美体验，还应具有深远的价值。动画要长足发展，就要通过不同的绘画风格、色彩运用和节奏把控等，给观众带来独特的观看体验，激发观众情感共鸣，营造出独特的审

美感受，促进观众思想和文化境界的提升，并在动画形式与内容上进行创新。

(一) 审美对象的视觉转向

交互动画不同于传统动画着眼于现实的审美对象，而是通过数字技术展现虚拟的物态。这种物态区别于传统的物的概念，它不完全独立于现实的物，既是一种对客观现实世界的写照，又是一种虚拟的数字符号。

交互动画具有互动性，强调用户的参与性，这不同于传统的审美方式，有别于传统美学中对物的再现的审美原则，在新媒体数字技术的支撑下实现了视觉转向的可能。交互动画不是单纯对事物的再现，更具有娱乐性和视觉性，更注重受众的体验感。如图4-7，2023年湖南美术馆开展齐白石绘画作品的沉浸式数字光影艺术展《天趣画境》，汇集数字投影、科技互动、VR（虚拟现实）、艺术装置等多种形式于一体，通过深度挖掘展览陈列对象所蕴含的价值意义，打造首个齐白石沉浸式数字光影艺术展，搭建起一座"文化+科技""传统+现代""内容+形式""线上+线下"的沟通桥梁，实现对观众的美育目标，丰富了公众的文化生活。

图4-7 齐白石数字光影艺术展《天趣画境》现场图

## (二) 审美体验的虚拟互动与沉浸式享受

传统的审美体验发生在审美主体对审美客体的"静观默察"过程中，受众主要通过视觉，对审美客体进行自我意识的意向性映射，生成审美意象。机械化时代，受众的审美体验活动变得更加近距离、更加主动并趋向于互动，诸如报纸、杂志等传播媒介的出现，让受众的审美体验活动产生了视觉转向，利用"符号化"的手段将审美活动的内容转移到身体感官之外。

互联网时代，各种移动终端的普及和推广，让青少年受众群体审美体验活动开始关注并追求"立体多维"的空间效果。审美活动格局延伸，范畴拓宽，审美体验实现"即时性"，审美体验活动转向沉浸式。审美客体由现实客观的实物变成了虚拟的数据、信息，AR（增强现实）、VR（虚拟现实）、AI（人工智能）等先进技术让受众与审美客体之间形成互动，人们不仅能通过视觉直观感受艺术作品，还能触发听觉、嗅觉、触觉等与艺术作品进行多样化互动，全方位系统化对审美客体进行感知，甚至审美客体也呈现虚拟化、数字化的特征。

## (三) 挖掘动画内容中积淀的历史感

交互动画最初并不被看好，批评者认为交互动画以技术见长，缺乏人文历史的深层内涵。动画需要依靠技术，但不能因此而忽视动画的本质是传输有质量的内容。技术只能帮助动画丰富表现形式和提高技巧。动画的历史性表现在独有的民族文化中，每个国家、民族甚至地域都有着不同的历史沉淀。动画对历史文化的建构与呈现正是对动画核心寓意的表现。对历史文化的表现与传播能激发人们的民族情怀和情感共鸣，拉近动画作品与观众之间的情感联系。因此，交互动画在创作的过程中一定不能忽视对历史文化的挖掘。

交互动画在挖掘历史文化的过程中不是单纯地对其加以应用，而是要基于历史文化本身解读其人文内涵与文化价值，打破固有文化结构，进行创新。将新媒体技术与历史文化相结合是当代交互动画创作的一大趋势。将新媒体技术作为承载历史文化内容输出的承载媒介，交互动画在表现形式和内容上都有了革新。如图4-8，2021年火爆"出圈"的清华大学美术学院毕业设计动画作品《万华镜》，以56个民族的传统服饰、代表形象、神话传说等为设计灵感，表现了中华民族传统文化的多样与丰富之美，充分展现了大学生眼中的"最炫民族风"。这一作品将中国56个民族的形象生动地刻画出来，展现出不同民族风格迥异的美。在表现形式上，运用传统中国画的表现手法，与新媒体数字技术相结合，让画面在三维空间活灵活现，真实生动地传播中华民族的历史文化。

**图4-8 清华大学美术学院毕业设计动画作品《万华镜》**

西南丝绸之路经过岁月的累积，积淀了众多宝贵的历史文化遗产。随着时间的推移，其独特的历史文化已被很多人遗忘，因此需要创作者们发掘其历史价值，与新媒体技术结合，创造出符合新时代人们期待的交互动画作品。

## 第六节　西南丝绸之路文化与新兴动画文化业态的融合发展

### 一、动画文化产业

（一）动画行业现状

动画作为一种文化产品，其市场规模不断扩大。据统计，2019 年我国动画产业市场规模达到了 2045 亿元，同比增长了 12.4%。动画产业市场规模的不断扩大，足以证明动画行业已经成为一个不可忽视的文化产业。

随着动画行业的发展，其产业链也在不断完善。动画产业链已经涵盖了动画制作、动画周边、动画游戏开发等多个领域。此外，随着新技术的不断应用，动画产业链还在不断扩展。例如，虚拟现实技术的应用，将为动画产业带来更多的发展机遇。动画作品的品质也在不断提高。现在，国内外的动画作品都在不断提高制作水平，力求做到更加精细、更加逼真。这些优秀的动画作品不仅能够满足观众的精神文化需求，还能够为动画行业带来更多的商业机遇。

（二）动画行业未来发展趋势

1. 技术应用不断拓展

动画行业的发展离不开技术的支持。随着新技术的不断涌现，动画制作的技术应用也会不断拓展，并因此获得更多的发展机遇。

2. 内容创作将更加重要

未来，动画行业将会更加注重内容创作，力求做出更加符合观众需求的作品。此外，随着动画作品在不同领域的应用，动画内容的创作也将更加多样化。

3. 动画行业将更加国际化

随着全球化的发展，动画行业将更加国际化。国内动画企业将会更多地参与国际合作，与国外优秀动画企业共同开发动画作品。此外，随着国内动画作品的不断输出，中国动画产业也将进一步受到国际市场的关注。

总的来说，动画行业已经成为文化产业的重要组成部分，其市场规模不断扩大，动画行业将会继续拓展应用领域，不断拓展技术应用，更加注重内容创作，努力实现国际化发展。相信在不久的将来，动画行业将会迎来更加辉煌的发展。

## 二、西南丝绸之路文化与新兴动画的融合发展

目前，随着数字技术与网络技术的发展，数字动画不断完善，丰富了传统文化的传播形式与内容，助力传统文化的传播与应用。数字媒体技术在文化产业的发展中占据越来越重要的地位，数字技术与文化动画的结合能推动文化产业的转型与革新。发扬中国优秀传统文化有利于提高国家的软实力。西南丝绸之路所保留传承的文化也应与时俱进，切实做好与新兴技术的融合与发展。

## (一) 传统文化元素在数字动画中的创新与应用

### 1. 传统文化的创作价值与意义

数字动画表现中国传统文化时，两个重要的创作题材就是民间故事和神话传说。中国古代有许多美丽的民间故事和神话传说。中华传统文化是中华民族积淀的宝贵历史遗产，是由各种文化观念和历史价值构成的。民间故事和神话传说是非比寻常的创作题材，有很大的创作空间，制作人可以最大限度地发挥想象力，吸引消费者的目光。[①]

创作者们可以着手发掘数字时代传统文化的魅力，从而引发观众对传统文化的关注，推动传统文化与动画产业结合的商业发展。

如图4-9所示的《大鱼海棠》，电影还未上映就引起了人们的热烈讨论。《大鱼海棠》动画在色彩、内容、角色设定、故事背景、表现形式上都具有明显的中国文化特色，其故事设定背景以道家经典《庄子·逍遥游》为基础，场景建筑以福建客家土楼为参考，又融入神话角色增加故事的趣味性。这些我国独有的文化元素，通过数字技术，让观众眼前一亮，为观众呈现了一场蕴含中国传统文化的视觉盛宴。

---

① 杨婷. 新媒体时代数字动画技术在传统文化传播中的应用[J]. 文化产业，2022（26）：58-60.

图 4-9　中国动画电影《大鱼海棠》海报

西南丝绸之路遗存着无数珍贵的西南地域特色文化，如栈道文化、马帮文化、民族历史文化等。如能将这些特点加以发掘和应用，与数字技术相结合，创作出独具西南地域特色的动画，势必为推广西南地方文化做出重要贡献。

2. 数字媒体技术的优势

数字媒体技术能打造极强的视觉效果，场景设定逼真优美，动画内容更具特色、更个性化，人物造型灵动，传播渠道多元化。数字媒体技术在动画产业中的应用，能够帮助推动动画产业的发展。

动画创作者应利用好新媒体技术，丰富动画内容，创新动画表现形式，使动画风格更多元化，通过技术对动画人物形象、动画场景的数字建模与效果渲染，给观众带来更优质的视觉体验，增进数字化动画与观众之间的感官联系和情感联系。

中国动画产业要想走传统文化与数字技术融合发展的创新道路，振兴国产动画事业，就要坚持在动画设计理念、人物形象设计、场景设计、故事背景设计、色彩设计等方面表现中国传统文化元素。目前，我国的动画发展仍不及美国、日本等国，优秀传统文化是改变这一失衡局面的一大优势，发掘和利用中国传统文化元素，能为中国动画产业搭建一个更高更好的发展平台。

（二）西南丝绸之路文化与数字动画广告的融合发展

数字化时代，随着技术的发展，广告在传播的方式和种类上都产生了巨大的变化。传统的广告形式已经不再能满足大众的审美要求，以数字技术为基础创作的动画广告开始出现在大众的视野，减缓了大众的审美疲劳，给大众带来新颖的感官体验。

动画广告属于商业模式的一种，是商业与技术的结合。相比传统广告中同质化问题严重、表达生硬等缺点，动画广告能通过富有趣味性的表达形式吸引消费者。动画与广告的结合是一种全新的广告形式，在视觉体验上更具感染力。相比实物拍摄的广告，数字动画广告能给观众更多想象空间，沉浸式的体验还能烘托更强烈的氛围感。

日本动画制作公司ボンズ（BONES）以男女主人公因为某巧克力产品而相遇为故事主线，制作了商业动画广告（如图4-10）。广告内容围绕恋爱中的男孩与女孩展开，整个故事就像巧克力一样带着甜蜜与青涩的味道。该广告不像传统广告一样平铺直叙产品的特点与优势，而是将产品作为连接故事的线索，使其自然流畅地不断重复出现在画面中。该动画广告拥有质感优良的画面和科幻感，搭配富有动感的音乐，让人沉浸其中。

第四章 新媒体环境下西南丝绸之路文化的崭新生命力

图 4-10 日本某巧克力动画广告画面

（三）西南丝绸之路文化与数字动画结合的意义

在动画的发展过程中，数字技术越来越重要。在动画开发过程中，充分运用数字技术，可以为动画创作方式的革新提供有益的启示。在数字时代，加强对数字动画的技术创新，可以推动动画行业的发展，有利于传统文化的传播。

西南丝绸之路文化是我国重要的文化遗产，能很好地体现西南地区的地域特色、民族精神，其本身具有很高的文化价值和艺术审美价值。用数字技术呈现动画画面的创新性保护形式来传承和弘扬西南文化，能帮助西南丝绸之路文化拓宽传播渠道。不仅要将西南丝绸之路文化面向国内动画市场进行推广传播，更要把中国传统文化用动画的形式向国外输出，让外国也能认识中国的文化魅力。西南丝绸之路文化与动画之间的关系是相辅相成的，西南丝绸之路文化为动画创作提供了题材、人物形象、场景等创作灵感，动画作为传播西南丝绸之路文化的传播通道，则帮助将西南丝绸之路文化向世界各地传播。西南丝绸之路文化与动画的融合发展是发展西南丝绸之路文化产业的必由之路。

如今，我国各地的历史文化传承都在进行数字转型，通过与数字技术的结合融入信息化、科技化的当代日常生活。发展数字技术为传统文化的表现形式增添了新奇与趣味。这不仅传承了传统文化，新颖的文化表现形式也装点了人们的文化生活。人们在欣赏的过程中，也在了解传统文化知识，帮助传统文化在高速发展的数字时代留有一席之地。

综上所述，西南丝绸之路文化的动画化是西南地区文化产业发展可发掘利用的一大优势。目前，文化产业的发展越来越离不开数字技术的支撑，数字技术帮助传统文化以动画的形式给观众带来更震撼新颖的场景效果和视觉冲击。传统文化与动画技术的结合是大众喜闻乐见的。因此，要善于利用数字媒体技术，用独到的眼光挖掘传统文化的亮点，将文化与动画用合适的方法结合起来，加速推进文化产业链的形成，实现动画文化产业的可持续发展。

## 第七节 新媒体为西南丝路文化传播带来的机遇和挑战

### 一、新媒体背景下西南丝路文化传播的机遇

随着科技进步和时代发展，新媒体成为推动社会各个方面发展的重要动力，新媒体技术被广泛应用到人际交往、工作学习、信息传播等多个领域，为社会发展注入新的活力。新媒体具有互动性强、传播范围广以及传播速度快等特点，弱化了文化、年龄、性别、阶层等社会群体的界限，这为中华优秀文化的传承与

发扬提供了很好的机遇。

西南丝路文化作为传统文化的一部分，随新媒体技术的发展面临更多的机遇与挑战。如何将西南丝路文化与新媒体技术很好地融合，实现文化的创新传承和发展，将文化与技术的效果更好地释放出来，是相关从业者需要关注和探讨的问题。我们要推动技术革新和文化的价值应用，将二者的影响作用最大化，在扩大新媒体影响力的同时弘扬传统文化，实现技术与文化的双赢。

### （一）广泛的传播途径

新媒体的迅速普及，为西南丝路文化提供了多样化的传播渠道。我国西南地区的人民群众借助当前信息传播高效广泛的特性，对西南丝路文化的认识更加深刻。新媒体作为一种全新的媒介传播方式，突破了传统媒体传播的局限性，打破了时间与空间的限制。西南丝路文化需要借助新媒体的传播优势，吸引广大青少年的关注，以此丰富受众层次，扩大传播范围。由此可以看出，新媒体环境下西南丝路文化不仅增加了传播途径，还提升了传播效果，提升了社会大众的关注度。

新媒体传播具有传送速度快、内容具有较强兼容性的优势，能够同时传送文字、图像、声音，还支持多向交互传播。自媒体时代，人人都可以成为传播主体，也可以为西南丝路文化的传播起到巨大的推动作用。在传统媒体时代，西南丝路文化的传播与传承的主要载体纸质媒介，受众十分有限。而在新媒体时代，可以结合动画技术与数字技术以及人工智能等来推动西南丝路文化的传播，同时将人们喜爱的现代元素融入其中，使得西南丝路文化有更深刻的感染力与生命力，通过文字、影像等融合在一起的记录形式，来传播和传承西南丝绸之路上的历史遗迹。

## （二）丰富的传播载体

从技术上来讲，新媒体依托数字技术、互联网技术等新型技术，为观众提供资讯服务。网络、数字报纸、电子期刊、手机报和数字电视等新媒体有一个共性，就是它们的传播对新技术的运用有着极大的依赖性，可以说，新技术是新媒体重要的制胜要素。[①] 不管是在传统媒体时代，还是在新媒体时代，任何形式的信息，都必须借助载体才能完成传递。西南丝路文化作为我国重要的文化资源，应当通过各种载体推广传播，实现创新性的保护和传承。传统媒介自身的不足，在较大程度上限制了西南丝路文化传播的内容、速度和形式。而在新媒体语境下，西南丝路文化丰富的传播载体，如手机、电脑、移动电视等，将对西南丝路文化的传播产生更积极的推动作用。

被称为"第五媒体"的智能手机开创了媒体的新时代，随着通信技术与工业制造技术的提升，手机俨然已经成为具有综合性、便携性和交互性的多媒体工具，可以为西南丝路文化的传播与传承发挥重要作用。

同时，手机媒体的信息传送速度较快，在便携性、交互性、分众性方面有突出优势。而西南丝路文化的传播也需要借助手机这一重要载体，利用全新的数字技术，对图片、影像、文字、声音等形式和内容进行有效融合，才能最大限度地将西南丝路文化传播的覆盖范围扩大。手机媒体的独特优势，也可以使受众直接参与到西南丝路文化的传播过程中来，比如通过手机拍摄西南丝路文化相关的视频，并上传到抖音、微信朋友圈、微博等社交平台，或者在以上平台发布西南丝路文化相关的文章与图片，并通

---

① 张斯宁，施勇勤. 新媒体发展与科技进步［M］//新媒体与社会变革. 上海：上海人民出版社，2009.

过评论的形式与其他人进行互动。

移动电视又称数字电视地面广播，即用数字广播技术播放，接收终端具有移动性，可以满足移动群体观看需求的电视系统。

电脑是新媒体传播信息的重要载体，其普及性、便携性稍弱于手机，但功能性更强。

传播西南丝路文化，可以将相关信息发布在网上，投放在城市中的各大电子屏幕和移动设备上，使人们能够随时随地获取关于丝路文化的信息，潜移默化地扩大西南丝路文化在大众中的认知和影响力，最大限度地扩大西南丝路文化传播范围。

（三）虚拟技术独特的传播优势

随着科技的迅速发展，许多新的技术手段已经运用于媒体传播之中。

虚拟现实技术就是一种十分新颖的新媒体技术，深受广大年轻人的喜爱。西南丝路文化传播可以制作虚拟视觉效果，动态呈现西南丝路上的历史故事、文化价值，让历史"自己说话"。这种新兴的表现形式能加强受众与文化的互动性，使受众沉浸式体验传统文化的魅力，由此产生深刻的感受与记忆。在传播与传承西南丝绸之路上的人文思想与文化资源过程中，我们要抓住新媒体的虚拟性特征，同时，应秉持一种历史责任感，向受众尤其是青少年一代输出正向的文化价值观，帮助受众了解传统文化，弘扬中华民族精神。未来新媒体技术的发展会对丝路文化的传播产生更久远更广泛的影响。目前，很多博物馆就已经利用虚拟技术进行丝路文化的保护、传播与传承工作。以动画的形式对西南丝绸之路的历史文化进行虚拟再现，让受众置身其中去感受其独特的魅力，十分利于促进西南丝路文化的传播与传承。

## 二、新媒体下西南丝路文化传播面临的挑战

每一个时代的媒体传播都有自己的特点,尽管新媒体相比传统媒体具有相当大的优势,但西南丝路文化在借助新媒体传播方面也面临很多挑战。

### (一)传播模式能否适应传播新环境

新媒体传播信息容量大,虽然这在很大程度上改变了以往信息匮乏的状态,却在另一层面走向了极端。比如互联网每天都会生产数量繁多的信息,手机也可以随时接收信息。在这样的信息洪流中,区域性的相关信息往往更容易被淹没,在一定程度上阻碍了有效信息的传播与传承。要在信息爆炸时代获取受众的注意力,无论是内容还是形式,必然要具有鲜明的特色。

伴随信息洪流的一个显著特征是信息碎片化,这对西南丝路文化的传播来说也有一定的负面影响。西南丝路文化作为我国重要的传统文化资源,自有其内在的系统性,面对当前新媒体碎片化的传播方式,加上应用技术的影响,还有一定的适应过程。新的传播技术使传播内容和形态都发生了很大的变化,引领人们步入移动阅读的时代,以前的深入阅读模式逐步向简化、"快餐式"阅读方式转变,人们通常只关注某个文章的标题、概要等,而对厚重丰富的内容避之唯恐不及。

新媒体技术下的传播形式无疑冲击着传统的文化传播方式。西南丝路文化想通过新媒体技术进行文化传播,务必要先掌握当代大众接收信息的思维习惯。高效便捷的信息化时代削弱了很多人独立思考的能力,人们更依赖直观明了的信息接收方式。因此,传播西南丝路文化要在传播材料、传播形式、传播内容等方面进行深度调研分析,要制定适应受众需求和受众喜闻乐见的接

收形式。

（二）新媒体对西南丝路文化的传播呈现不平衡状态

新媒体以互联网技术与信息技术为支撑，通过网络技术的支撑来传播信息。我国幅员辽阔，不同地区之间的经济发展很不平衡，因此，在网络基础设施建设方面也极不均衡。例如沿海一带经济发达，网络基础设施建设成熟，体系完备，新媒体技术和应用意识普及程度高，中西部则相对落后。西南丝绸之路丰富的文化资源集中在我国西南地区，文化资源分布和技术发展不均衡，致使没能充分利用新媒体渠道进行传播，这阻碍了其长久影响力的形成，而发达地区的人们可以通过新媒体技术获取到更多关于西南丝路文化的信息。经济发展的不平衡导致西南丝路文化传播的不平衡。

（三）新媒体传播中人文价值的削弱

作为我国重要的文化资源，西南丝路文化不仅仅是一种文化形式，更是蕴含了我国数千年来在西南地区所汇聚的人文思想与人文情怀。但在新媒体时代，人们更多强调的是运用新媒体技术来吸引注意力，满足新奇、快捷等浮于浅表的追求，对数字产品的依赖性越来越高。大型社交媒体平台上关于西南丝路文化等信息少见，内容也是良莠不齐，甚至存在个别扭曲篡改现象，更缺乏思想层面与文化层面的表达与交流。这导致西南丝路文化等在传播过程中的有效信息非常有限，面临传播边缘化的挑战。

（四）新媒体娱乐性的冲击

随着我国社会经济的快速发展，人们的物质生活需求已经得到极大满足，相应对精神文化的需求不断增加。互联网的便捷和普及，新媒体技术的高频迭代革新，使越来越多的人可以轻松参与其中，选择用新媒体来进行消遣和娱乐。受众的娱乐需求成为新媒体蓬勃发展的助推器，新媒体借此实现了传播途径的拓展，这使传统文化的传播不得不考虑加入一些娱乐性的内容，而这便加大了对传播内容质量的把控难度，产生了一些低质量的传播内容，影响了西南丝路文化传播效果。

同时，文化交流的全球化必然会使西南丝路文化在传播的过程中受到他国文化的影响，尤其是美国、日本等国家娱乐文化产业发展很成熟，对我国青少年的审美习惯和接受思维也有较大影响。西南丝路文化作为一种优秀的传统文化，具有较强的历史和文化严肃性。但为适应全球化的传播语境，西南丝路文化在传播过程中往往需要在内容与形式上娱乐化，并不断丰富与创新，这种改变和演绎，一旦过度，就会消解历史与文化自身的严肃性，造成受众对传统文化的认识偏差，不利于西南丝路文化的有效传播。如何应对新媒体的娱乐化对西南丝路文化传播的负面影响，是当前值得注意的一个问题。

# 第五章 西南丝绸之路文化与动漫产业的互动机制

## 第一节 搭载文化产业发展快车开启动漫产业发展模式

西南丝绸之路因其悠久的发展历史、丰富的文化资源、独特的生态形式,有着坚实的文化产业发展基础。近年来,依托于西南丝绸之路深厚的文化资源,该区域的动漫产业逐日繁盛。动漫产业的西南丝绸之路文化资源主要分为三种:文化旅游资源、传统艺术表演娱乐资源、传统工艺美术资源。动漫产业在这三种文化资源的基础上进行二次开发,并且加入了创新创意理念,形成了具有现代化时代特征的产业发展模式。

### 一、西南丝路文化加持下的动漫产业内容革新

西南丝绸之路沿线文化资源丰富,文化底蕴丰厚,经过多年的历史沉淀,形成了独具魅力的民族文化特色,能为文化产业的发展提供不竭的创作动力。动漫产业作为文化产业的分支,同样可以通过优秀传统文化来保持自身的活力。现代科学技术的不断革新,为动漫产业的发展提供了更多的机遇及平台。在不断丰富

技术及创作手法的同时，人们也在进一步关注动漫作品内容的文化价值。动漫产业的西南丝路文化资源，为动漫作品内容的创作和创新提供了思路。近年来，有不少以优秀传统文化为背景，并结合现代社会价值观、文化生态的动漫作品面世。如《大圣归来》《姜子牙》《哪吒之魔童降世》等动画作品，就是在传统文化资源的基础上，结合新时代的精神需求，对作品内容进行了创新制作，得到了观众的认可，在与观众产生文化共识的同时，也引发了观众情感的共鸣。这些国风元素的新颖呈现方式，受到了新时代观众的青睐及追捧，体现出了民族文化长久而厚重的生命力。

## 二、西南丝路文化交互下的动漫人才素质提升

创意一直以来都是动漫创作者必备的重要素质。如果要通过动漫形式向当代观众传播传统文化，创作者就要根据时代的需求，对传统文化进行创意化的改编和表达。2016年上映的动画电影《大鱼海棠》，在动画的创作技术上实现了突破革新，其画面精美程度不亚于动漫产业发展成熟的日本及美国的作品，却被部分观众批评内容乏味，情节枯燥。这也是当前我国部分动漫作品存在的问题之一。这些作品即便使用了传统文化元素及故事文本，但是因为缺乏创意化的表达，故事内容核心价值隐晦或含糊，最终往往使作品对传统文化的利用和传播流于表面，没有真正展现出优秀传统文化的价值。国产动漫想要摆脱这种尴尬处境，就要重视对传统文化内容进行合理选取，做高质量的创意改编，这有助于推动我国动漫创作人才的素质提升。

## 三、西南丝路文化借鉴下的动漫运作模式创新

美国动漫影视行业的发展一直以来都处于国际领先地位，而

其动漫产业之所以如此成功，除了有高质量的内容创意和高端的制作技术，更重要的是有强大的动漫产业运作机制。以《寻梦环游记》为例。这部作品由皮克斯动画工作室精心打造，从创意构思到动画制作，再到市场推广，都经过了严谨而高效的产业运作。皮克斯凭借其卓越的创意和制作实力，完美融合了墨西哥的传统文化和亲情故事，打造出了一部既具观赏性又富含文化内涵的作品。而迪士尼公司作为发行方，更是通过全球范围内的推广和营销，让《寻梦环游记》迅速走红。除了电影票房的大卖，迪士尼还通过衍生品开发、主题公园互动体验等方式，进一步拓展了产业链，实现了作品价值的最大化。这种全方位的产业布局和高效的产业运作机制，让《寻梦环游记》成为一部深受全球观众喜爱的动画佳作，也展现了美国动漫产业的强大实力。游戏在近年来成为大众娱乐的重要方式，除此之外，经典动漫 IP 所衍生的周边产品也受到当下年轻人的追捧。动漫 IP 的运作模式为国产动漫的发展提供了新方向，基于动画＋漫画＋游戏＋周边的动漫产业多元化发展模式能创造更高的价值，实现动漫产业链的上中下游利益共赢。日本在这方面的运作成效显著，其动漫市场盈利十分可观，并且在国际动漫市场占据着较大的份额。西南丝路文化传播可以借鉴成熟的动漫运作模式，精心打造丝路文化动漫IP，提高国产动漫的附加值，也借助动漫形式进一步实现了西南丝路文化的有效传播。

## 四、西南丝路带动下的动漫特色衍生品开发

动漫产业的动漫衍生产品开发可以为动漫品牌带来更长久的效益。目前世界知名的动漫产业大国都有属于自己的动漫品牌形象，中国要想建立具有自己民族特色的动漫品牌形象，就要重视动漫衍生产品的开发与推广。目前国内动漫作品的衍生产品主要

受众仍然是少儿群体，范围较小，并且缺乏自主原创的动漫形象，多模仿照搬国外知名动漫形象，版权意识不强。我国动漫衍生产品创作需要完善创作保护机制，如成熟的内容创作管理制度和版权保护制度等。动漫衍生产品的研发、制作与发行过程都需要完善的运作机制，同时，也离不开政策的大力支持。西南丝路文化资源的发掘利用和传承保护工作为动漫衍生品提供了更多机遇，丝路沿线国家的衍生品研发机制也能为国产动漫行业从业者提供思路。国产动漫衍生产品会随着丝路建设走出国门，进一步扩大国产动漫的影响力。

## 第二节　国内外对中国传统文化的动漫化呈现

新兴技术和现代科技的不断迭代更新，催生出了形式多样的动漫表现形式，并带来了更加丰富、全面的视听快感，不断地刺激着观众视听神经。然而，即使是最新兴的数字技术，也无法独立完成一部优秀动画作品。动画与其他所有的文化形式一样，内在的文化底蕴才是其核心支柱。"动画永远是一种制作内容的艺术，而非制作包装的艺术。"[1] 如林斯基所说："形式对它并不是外在的，而是它自己所特有的那种内容的发展。"[2] 动画的内在支柱永远都是其内容的本体：根本思想、核心价值观、文化内涵。在内容本体的基础上，利用动画表现技法、动画视听语言、动画创作技术等手段对动画作品进行进一步的完善，形成符合该动画作品的表现形式。内容永远都是动画创作的起点和终点，优

---

[1] 邵杨. 国产动画的文化传统重构 [D]. 杭州：浙江大学，2012.
[2] 朱光潜. 西方美学史：下卷 [M]. 北京：人民文学出版社，1979.

质的内容才能催生出优秀的动画作品,保持对动画内容的不断追求和创新是动画发展的重点目标。想要打造具有民族特色的优质动画,就要融入民族文化精髓。中国优秀传统文化为现代动画内容创作提供了丰富的资源。

中国传统文化历经五千年的民族历史发展,是中华民族文化的精髓。优秀传统文化不仅是中华文明的积淀,更是中华民族精神和民族特质的结晶。不同国家、不同民族都有其独特的传统文化,集中反映了不同国家民族各个历史发展阶段的思想观念、文化形态、民俗习惯等内容,是对文化集合体的传承与再现。中华传统文化汇聚了儒家、道家、佛家等思想形态,有诗词、国画、书法、戏剧等不同的文化表现形式,不管是文化内核还是外在形式,都可以说是丰富多彩、百花齐放。中华传统文化作为中华民族优秀文明的精华,对于现如今的国内外文化产业发展具有极强的借鉴意义,也为国内外动画创作提供了丰富的内容资源。

## 一、中国传统文化在国产动漫表现形式上的嬗变

中国历史文化的发展过程中孕育出了大量的思想文化、民族精神、民族情感、文明礼仪等内容。这些历史的结晶或被记载在史书传记中,或被写进文学著作中,抑或是展示在戏剧表演中,通过不同的形式记载、传承下来。这些文化载体既为动漫产业提供了坚实的创作基石,也为动画创作形式的不断创新和丰富做出了良好示范。如今,越来越多以传统文化为基础的国产动画出现在大众的视野中。国产动画从传统文化中汲取养分,激发创作灵感,对传统文化进行二次创作和构建,用中国动画讲述中国故事,展示了中华民族形象,弘扬了中华民族精神,使我国优秀的传统文化在现代动画作品中得以全新诠释。

## (一) 传统民俗给予的动漫表现深度

民俗文化是传统文化动画中常见的内容之一。传统民俗元素是民族文化生活化、情景化的细节支撑,是传统文化动画创作中极具民族真实感的重要表现。民俗元素在动画中的出现,深化了动画中的文化存在感、自然感,进一步增强了受众对动画作品的文化认同感。民俗文化是中国传统文化发展的源头,也是中国传统文化不断发展过程中的宝贵产物。系列动画作品《中国民俗动画》将中国的二十四节气、传统饮食、传统建筑等极具中国民俗特色的文化元素展现在动漫作品中,通过网络电视等媒介向大众科普中国民俗文化。动画短片《元日》《红豆》等作品也是以讲述传统文化故事的形式,对传统民俗中的生活习惯、衣着配饰、生活场景等进行了生动的描绘。这种将民俗文化元素融入动漫作品的创作方法,不仅为动漫作品打下了牢固的文化基础,同时也实现了文化的深度传播与广泛普及。

## (二) 民间艺术给予的动漫表现内涵

民间艺术是以人民群众为主体,在平凡的民间生活中传播开来的具有基础性、大众性的艺术交流和互动形式。民间艺术是一种十分具有感染力与表现力的文化表现形式,是民间大众智慧和审美的集合。我国悠久的历史孕育出了形式多样的民间艺术,为大众所熟知的就有剪纸、皮影、刺绣、年画、版画、泥偶等,这些丰富的民间艺术为中华传统文化增添了不少光色,也加深了我国历史文化的底蕴。民间艺术在动漫作品中也较为常见,民间艺术的加入不仅丰富了动画创作的艺术表现形式,而且增强了动漫作品的文化内涵,提高了动漫作品的民族独特性和可识别性。例如,动画片《渔童》就运用了我国著名的民间艺术剪纸。该动画是万氏兄弟在1959年制作的第二部剪纸动画,该片中的人物角色及场景都采用了明显的剪纸风格,是令人印象深刻的动漫作品。这部具有强烈中国艺术特色的动漫作品被推向了世界,既为后来的中国动画创作者提供了创作动力,也为传统文化的动画创作奠定了基础。

### (三)戏曲元素赋予的动漫表现张力

中国戏曲文化也是中国地方特色文化重要形式之一。戏曲与民间艺术、文学艺术、民俗艺术等有所不同,它是强调声、形、意、动的艺术表现形式。我国的戏曲文化因地区文化的差异,其风格流派的也是大相径庭,最具代表性的有京剧、豫剧、秦腔、昆曲、黄梅戏等。这些戏曲在表达地方民族文化特色、思想内涵的同时,给予了传统文化"动律"的氛围,使传统文化以一种更加生动、戏剧化、情景化的表现形式出现在大众的视野中。在国产动画片中,也有不少以中国戏曲为题材的作品,或是借鉴了戏曲的人物造型、角色动作、场景搭配等。大众熟知的戏曲主题动画作品有《宝莲灯》《大闹天宫》《梁山伯与祝英台》《牡丹亭》等,这些作品都是以戏曲故事为题材进行创作改编的。除此之外,动画作品《天书奇谭》《京剧猫》分别借鉴了戏曲人物中旦角、花脸等角色造型,塑造了特征鲜明的动画角色。动画片《骄傲的将军》运用了戏曲中将军大胜归来时的出场方式,其动作造型都源自戏曲中的人物动作。戏曲文化中包含很多可借鉴创作的文化元素,从叙事结构到场景、配乐,都可以为动漫创作提供丰富的灵感。戏曲与动漫的融合将戏曲以现代大众所熟悉的方式进行了传承,同时也使动漫创作发展路径得到了扩展和延伸。

## 二、日本动漫中的中国传统文化

中华民族优秀传统文化是中华民族的精神内核,是中华民族的瑰宝，同时也为世界其他国家和民族提供了有益启迪。如日本就受到了中华传统文化的深远影响，乃至在其动漫文化产业中也有中国文化的很多影子。日本漫画及动画作品《七龙珠》就借鉴了我国著名文学作品《西游记》中的人物角色，在此基础上进行二次创作与改编，成就了这部国际知名的经典动画作品。日本漫画家小川悦司的漫画《中华小当家!》及其同名改编动画作品《中华小当家》，是在中华美食文化的基础上进行创作的，作品中基本都是对中华美食的描绘，深受日本及中国观众青睐。动漫作为日本的主要文化产业之一，当然不会缺少对其本土文化的挖掘，然而，由于中国传统文化对日本文化的深远影响，日本动漫创作中的中国元素也非常显著。

(一) 内容的引用

经过数千年的文化传承与衍生，中华传统文化蕴含着不计其数的文化瑰宝，涉及百姓生活的方方面面。民间神话故事如女娲造人、精卫填海、牛郎织女、哪吒闹海等，民间民俗如花灯报元夜、舞龙舞狮、二十四节气等，民间传统艺术如剪纸、国画、戏曲、刺绣等，都是中华传统文化中璀璨的明珠。传统文化丰富的内容，是国产动漫创作题材库的重要组成部分，同样为日本动漫创作者提供了丰富的素材。早期的日本动画电影《白蛇传》，就是将中国神话故事白蛇传说以动画的形式呈现出来。除此之外，还有根据我国四大名著之一《西游记》改编的《最游记》。《最游记》延续了《西游记》的故事结构以及角色造型，但是对角色的具体形象和故事情节做出了较大的调整，并根据日本文化特点和民族特征进行了二次创作，这种借鉴基础上的改编展现了日本人民的文化思维和创新理念。除了故事剧本的取材，不少日本动漫的角色设计也借鉴了中国的神话故事。例如，动漫《火影忍者》中的"九尾狐"这一角色，以及《海贼王》中的"狒狒""海王"

等角色，就是源自我国上古奇书《山海经》中对神兽的记载。

（二）形式的借鉴

除了丰富璀璨的内容，中国传统文化中还有多样化的艺术表现形式，例如，书法、剪纸、刺绣、戏曲等。中国传统文化的精神内涵为这些艺术表现形式提供了内在创作动力和文化支柱，同时传统文化也通过这些艺术表现形式而得以继承和传递。在日本近年来的动漫作品当中，有不少借鉴了中国传统艺术表现形式。如《中华小当家》《圣斗士星矢》《天国少女》等动漫作品中的一些人物造型，就是在中国传统服饰的基础上进行剪裁设计，并加以日本特色配饰，从而形成具有中式风格的新式和服。动漫作品《彩云国物语》大量使用中国传统乐器演奏这一音乐艺术表现形式，日本知名音乐人梁邦彦在编曲中加入了二胡、琵琶等乐器，并融合了中国民族音乐。除此之外，还有由日本漫画家吉野五月创作的漫画作品《元气团仔》。该作品借鉴了我国书法艺术，讲述了主人公自小被送往五岛进行修炼，钻研书法，展示了渊博的书法艺术文化。动漫作品《辉夜姬物语》借鉴了我国传统水墨画的艺术表现手法，使整个作品呈现出一种神秘、寂静的美感。

（三）理念的继承

动漫作品不仅有故事情节、画面风格、人物性格这些直观的呈现，还有在精神层面所表达的文化价值、民族意识、人文理念及思想内涵等。中国著名历史学家、思想史家张岂之将中国传统文化的核心理念归纳为"天人和谐、道法自然、居安思危、自强不息、诚实守信、厚德载物、以民为本、仁者爱人、尊师重道、和而不同、日新月异、天下大同"①。在日本已有的动漫作品中，我们可以看到不少以中国传统文化理念为核心价值的作品。例如，人气动漫作品《犬夜叉》，其主人公以具有日本神话色彩的妖犬形象以及自强不息、善良坚韧的性格征服了国内外观众，获得一致好评。在《犬夜叉》中，主人公因半妖的身份遭到人类及其他妖怪排斥，在此情况下，他依然能坚强不屈，与各种不公和困难作斗争，通过不断努力来证明自己，最后收获了大家的认可与尊重。该动漫作品表达出的自强不息精神，也是我国传统文化的核心精神之一。除此之外，在近年热播的日本动漫作品《鬼灭之刃》之中，满怀爱意、善良勇敢的主人公炭治郎收获了大众的喜爱，从炭治郎身上，也可窥见中国儒家文化"仁者爱人"这一核心理念的印迹。

## 第三节 以"内容为王"的动漫产业特征及核心竞争力

### 一、本土文化艺术活力浸润下的动漫表现形式

优质内容是动漫作品的核心竞争力。我国传统文化中的木版年画、砖雕、京剧脸谱、刺绣、皮影、剪纸等艺术都是在漫长的历史文化发展历程中产生的，是中华民族独特的具有标志性、民族性的艺术形式。

---

① 张岂之.中华优秀传统文化核心理念读本［M］.北京：学习出版社，2014年版.

## （一）富有形式美感的年画表现手法

年画（如图5-1）是我国民间传统艺术的代表之一，经历了多年的文化沉淀，内容丰富，题材广泛。年画分为冷色调、暖色调，冷色调主要表现时事，暖色调注重表现民俗，都具有极强的色彩表现力，色彩饱和度高，构图对称，角色形象生动，蕴含了人们对美好生活的愿景和渴望。同时，年画也具有不同的体系、风格，各体系之间求同存异，既保留了年画共性特征，也有自我个性的展现。

**图5-1 年画作品**

如苏州桃花坞年画，源于宋代，盛于清代乾隆年间，融合了绣像图的特征，以表现民俗生活、民间传说、戏文故事为主，画面内容丰满，色彩绚丽，常以紫色、红色为主色调。绵竹年画，又为绵竹木版年画，源于北宋，盛于清代。绵竹年画分为彩绘年画、烟磨朱砂拓印两种，角色造型夸张，追求构图的对称平衡，色彩纯粹明亮，笔触刚劲有力。

年画所具备的特征与动漫所需表现的要点不谋而合，对年画的内容和表现手法加以借鉴运用，必定能为动漫独特文化内容品质的打造提供助力。

### （二）富有装饰美感的剪纸艺术效果

剪纸也是深受人们喜爱的民间艺术形式。剪纸又称刻纸，与版画相似，画面呈阴阳分形的效果，利用线条的组合搭配呈现出视觉填充的单色面，概括性极强。剪纸蕴含着喜庆、吉祥的寓意，除了包含人们对美好生活的憧憬，还常用于表现祖国的大好山河。将剪纸艺术的独特表现形式和大胆的创作思维运用于现代动漫作品中，拓展了动漫作品的想象空间，也能丰富动漫的艺术表现形式。

我国已有将剪纸艺术运用于动漫创作的先例。动画《楚王学射箭》（如图5-2）就采用了剪纸动画的表现形式。在这部动画作品中，楚王在丛林中射箭狩猎的场景以剪纸风格呈现，线条明确、轮廓清晰，通过剪纸单线条的方式将马的角色轮廓以及楚王射箭时的动态刻画得相当醒目。剪纸的刚劲效果也将楚王射箭的神态进行了夸张的表现，更加生动有趣。

图5-2　动画作品《楚王学射箭》

## （三）富有意境美感的水墨画呈现方式

水墨画是中国传统绘画的代表，顾名思义，就是用水墨画出来的画。水墨又分淡墨、浓墨、焦墨等，通常在一幅画中几种形式会同时存在，由此产生画面的空间感、层次感、立体感，以更好地呈现作品内容和画面效果。水墨画的起源可以追溯至新石器时代彩陶器的纹饰，后经书法和字画的发展，在唐朝繁盛，到后来的宋元时代更是登峰造极，至今水墨画在我国绘画领域仍占据着举足轻重的地位。水墨画之所以得到如此青睐，除了其具备虚实交融、灵动雅致的特性以外，还因为水墨画不追求环境色、透视等外表因素的精确度，而是追寻内在韵味的表达，更能传递作者的思想意境。

我国经典动漫作品中也不乏水墨画的身影。以曾获中国"百花奖"最佳美术片奖的水墨动画代表作《小蝌蚪找妈妈》（图5-3）为例。《小蝌蚪找妈妈》在制作初期借鉴了中国著名水墨画大家齐白石的作品，由简单的点、线勾勒出了小蝌蚪的形象，在画面呈现上用焦墨表现近景，淡墨表现远景，虚实结合，完成了画面空间感的塑造，画面的每一个分镜头都能看作一幅具有浓郁中国风的水墨画，在审美造诣和艺术价值方面对当时我国的动漫产业产生了重要影响。

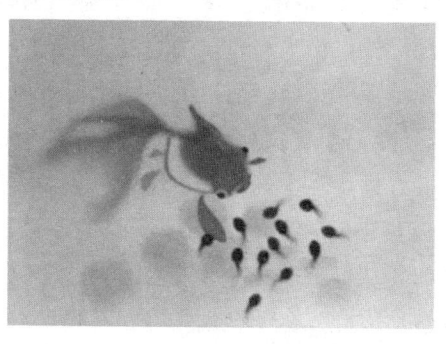

图 5-3　动画作品《小蝌蚪找妈妈》

优秀的传统艺术为我国现代动漫的发展打下了坚实的基础，为国产动漫的原创性发展带来了更多的可能性。随着时代的发展，国产动漫产业的发展在吸取优秀传统文化养分的同时，也要注重自我的创新和提升，紧跟时代的步伐，提高动漫作品的制作质量，实现优秀传统文化与现代动漫制作技术的有效结合。

## 二、传统文化中的动漫创作灵感激发

我国悠久的历史文化积淀了无数的文化珍宝。这些文化珍宝中的精神内涵极为丰富，是国产动漫产业前进道路上不应忽视的重要资源宝库。我们应当学会从我国的标志性传统文化中发掘创作元素，将其巧妙应用于动漫创作当中。在借鉴使用的过程中，我们可以对这些文化珍宝做如下分类：文学经典、传统习俗、民族文化等，从文化的各个方面去追寻创作灵感。

### （一）文学经典的文化萃取

中国文学经典作品是世界文学宝库中令人瞩目的瑰宝，以人物传记、古典文学、神话传说、寓言故事等为代表的经典作品深入人心，是动漫创作的绝佳素材。如美国迪士尼动画电影《花木兰》就是取材于我国北朝民歌《木兰辞》，影片中大量使用了写意水墨画的表现形式，山水、花草、庭院、田野等意象都摒弃了迪士尼一贯色彩浓重的风格，而以清淡的水墨画风格呈现。动画《花木兰》也因其充满历史文化色彩的选材和独特的画面表现手法赢得了观众的好评，在全球获得了超过3亿美元的票房。中国经典文学内涵极其丰富，并不是一朝一夕的参读就能完全吸收的，国产动漫如要从经典著作中发掘创作题材，就要深入其中，慢慢发掘其奥妙，以此丰富动漫创作内容及表现形式。

## (二) 传统习俗的深入研习

数千年历史文化的不断更迭,生成了各具特色的传统习俗,这些习俗形式繁多且充满趣味,大多来自传统节日和民俗生活。例如,春节张贴对联放爆竹;元宵节猜灯谜;寒食节禁烟火,只吃冷食;清明节扫墓祭祖;中秋节赏月吃月饼。所有的传统习俗都是民间生活文化的集合与提炼,由民间口口相传延续至今,具有浓厚的地域和民族特色。除了这些节日民俗,还有如剪纸、民族服装、门神、年画、鞭炮、舞狮、红灯笼等具象的民俗意象。这些传统习俗所体现的强烈文化色彩能够为动漫作品增色不少。动画电影《小门神》中就运用了大量的传统习俗元素,又加入了现代创新的元素,使作品更符合现代社会受众的审美思维和接受习惯。

## (三) 民族文化的着力开发

中国是一个文化多元的国家,这些多元文化的产生与中国各民族大杂居、小聚居、相互交错居住的分布特点密切相关。在具有强烈民族文化特色的动漫作品中,很具代表性的就是由上海美术电影制片厂制作的动画片《阿凡提》。《阿凡提》展现了维吾尔族独具特色的民族文化和当地灿烂多姿的民族风情,受到广泛称赞。然而在高速发展的信息时代,一些古老的传统文化及习俗因无法满足现代人的需求,开始淡出人们的生活,尤其是一些少数民族文化,存在被世人遗忘的风险。民族文化是我国极为珍贵的文化资源,是我国历史文化中不可遗弃也不可忽视的部分,保护和传承民族文化资源是当代社会应高度重视的问题之一。动漫创作者受益于民族文化所提供的丰富多样的创作灵感,更应该珍惜和保护民族文化资源,将传统民族文化通过动漫技术的生动再现来加以弘扬和传承,这不仅是为优秀民族文化的发扬与传承助力,更是为自己所从事的动漫事业的发展维系不竭的原动力。

此外,所谓"艺术源于生活",具有生活气息的作品更加能够打动人,也更易引起共鸣。生活中的点滴细节都能够成为动漫创作者的灵感来源。回首优秀动漫作品,其中能够真实反映现实生活和社会现象的作品不在少数。例如,刘健执导的动画电影《大世界》,是其继《刺痛我》之后的又一现实主义题材的动画作品。《大世界》延续了《刺痛我》的冷峻、硬朗风格的同时,丰富了角色形象,通过对小人物生活的演绎,将现代多数人在城市发展过程中的彷徨、艰辛、无所适从表现得丝丝入扣,深入人心,引发大众强烈的共鸣与反思。日本动画电影擅长使用细腻的情感来表现作品主题,以此反映社会现状,也更易打动观众的内心,如《恶童》《东京教父》等,这类作品都是作者从现实生活中取材,寻找时代之下的社会痛点,将其再现在动漫作品中,引发社会的情感共鸣。现实生活大到社会事件,小到市井生活,都是创作灵感的源泉,作为动画创作者,需要做的就是善于观察生活、感受生活,进而发掘和表现生活最真实的一面。

## 第四节 西南丝绸之路文化与动漫产业融合的动力模型

### 一、西南丝绸之路文化与动漫产业融合的动力

产业融合是指不同产业之间在技术、产品、市场、资本等方面相互渗透、交叉、整合,形成新的产业链、产业集群和产业生态的现象。产业融合的本质是通过整合各种资源,促进产业的跨界融合,实现资源优化配置、协同创新、产业升级和可持续发展。动漫产业也被叫作"朝阳产业",是一种以动漫为核心的文化产

业,其内容包括动漫创作、动漫宣传、动漫周边、动漫教育等。动漫产业是文化产业在动漫领域的延伸。动漫与文化的深度融合,推动了文化产业进一步繁荣发展,同时也完善了动漫产业链条建设。具体来说,文化产业可以通过动漫作品及衍生产品和服务开拓更广阔的市场,同时动漫也可以借助文化的创意和文化 IP 吸引更多的受众。在这个过程中,文化和动漫之间不仅可以形成产业链上的互补,还可以实现知识、技术、资本等方面的跨界融合。

(一) 内部动力

1. 动漫与文化的产业相关性强,共通点多

动漫是一种新型文化产业,涉及诸多方面,包括创意、制作、发行、营销等环节,具有创新性强、融合度高、投入产出比低、回报时间长等特点。动漫作为文化产业的重要组成部分,不仅可以为文化产业带来巨大的经济效益,也可以促进文化产业的创新和发展。与此同时,动漫产业发展也受益于文化产业的发展,通过吸收文化资源,提升自身的竞争力和发展水平。

动漫作为一种文化形态,不仅是当代文化的表现形式之一,也承担着历史文化、民族文化和地域文化的传承和发展任务。动漫产业的发展离不开文化,文化是动漫产业的基础和保障。没有文化的动漫产业就如无源之水、无本之木。动漫的主题、情节、人物形象等都与文化密不可分,其中蕴含的文化元素和价值观念对动漫产业涉及的多个领域,如漫画、动画、游戏、周边产品等的发展和推广产生了重要的影响。只有融入了文化要素的动漫产业才有自己的文化特色,才能打造具有国际竞争力的文化品牌。

此外,动漫产业还可以带动文化旅游的发展。很多地方都有着独特的文化和历史背景,这些背景往往可以成为动漫作品的创意来源。动漫作品的推广和传播,能够吸引更多的游客前来感受

地方文化，进而促进文化旅游的发展。动漫产业与地方文化的融合，不仅可以为地方经济的发展带来新的动力和机遇，同时也能够推动地方文化产业的发展，让更多人认识和了解地方文化。

2. 动漫产业成为数字文化产业中重要组成部分

动漫产业是一个复合型的产业，涉及绘画、影视、计算机、娱乐等行业。在数字化、网络化、智能化的时代背景下，动漫产业发展迅速，成为一个非常重要的文化产业。动漫作品可以激发人们的想象力和创造力，吸引年轻人的关注和消费。同时，动漫作品也可以衍生出各种周边产品，如漫画、动画片、游戏等，带动相关产业的发展。动漫产业在创意产业中占据了很重要的地位，充满活力和创新，其发展催生了文化产业新的经济增长点。文化是旅游业开发的魂灵，有着深厚文化底蕴的景区在旅游市场更具吸引力。文化产业的发展丰富了人们的精神生活，也对地方经济的发展有帮助。在全球经济竞争中，文化产业越来越能体现一个国家的综合实力。随着数字内容、创意设计、动漫游戏等核心领域快速增长，以及中华优秀传统文化、革命文化和社会主义先进文化优质资源的盘活和融入，文化产业呈现了新的发展业态。数字化的产品呈现和文化体验供给推动文化产业高质量发展，激发创造活力，产出更多优质文化产品，传统文化也更为鲜活生动。文化产业数字化对更好满足人民群众日益增长的精神需求，促进文化产业产值不断提高，促进地区经济发展和提高人民生活水平具有重要的意义。

（二）外部动力

1. 市场需要更高品质的文化动漫创意产品

产业调整的根本原因是要迎合市场需求并提高竞争力，这是社会发展的必然趋势。物质需求得到满足后，人们开始追求精神需求的满足，对高品质的文化创意产品的需求不断增加。

现代社会中，人们的生活节奏越来越快，生活压力也越来越大。传统的文化产业已经不能满足市场需求，需要寻求创新。而文化产业延伸出的动漫产业，是一个充满活力的产业，它不断涌现新的创意和技术，并得到越来越多的关注和认可。动漫产业可以为文化产业带来许多新的元素和思维方式，为文化产业注入新的血液和活力。文化要素可以为动漫产业提供更加深入的思考和内涵，使其更能满足人们对文化的需求。

2. 新技术与文化艺术高度融合推动动漫产业发展

在知识经济时代，新技术不断涌现，这为动漫产业发展提供了新的机遇。技术创新是产业融合的源泉，更为动漫和文化提供了许多融合点，如故事性、表现形式等，进而为创作研发高质量文化创意产品提供基础。

随着新的生产技术的进步，动漫、文化、技术的交叉和融合越来越频繁，促进了动漫产业在产品、市场和营销渠道等方面有新的突破。例如，利用虚拟现实技术（VR）和增强现实技术（AR），动漫产业可以创造更逼真的动画场景，并应用于文化遗产的展示和传播，从而提高融入了文化要素的动漫作品的吸引力和互动性。此外，大数据技术和人工智能技术的应用也为动漫创意文化产业发展提供了更多的融合机遇。例如通过数据分析和智能推荐算法，将动漫和文化进行内容的匹配，从而提高市场的响应度和用户体验。

因此，技术融合是动漫产业发展的重要推动力。随着技术的不断创新和进步，数字技术、手机游戏、云计算等新经济和新业态聚合发展，动漫产业创造出更多具有文化内涵的产品，创意文化特性愈发突出，产业创新能力进一步提高。

## 二、西南丝绸之路文化与动漫产业融合的模型

需求和供给是经济学的基本理论之一，用于描述市场中商品和服务的交换过程。在动漫产业和文化的融合中，需求和供给理论提供了构建动态模型的基础。

动漫产业和西南丝绸之路文化的协同融合包括创作、制作、发行、营销和消费等环节，这些环节相互作用、相互影响，形成了一个互动型的产业系统。在这个系统中，新的需求和新型产品供给是驱动产业发展的两个关键力量。同时，动漫产业和西南丝绸之路文化的协同融合需要有一定的条件支持。这些条件包括政策法规的实施、技术和产业链的完善、人才和资金的投入等，为动漫产业和西南丝绸之路文化的互动型产业系统提供必要的保障。在文化和动漫产业的融合中，供应系统是推动力，而需求则是拉力。供应系统包括产业链上的各个环节，如创作、制作、发行、营销等，通过不断提供新的产品和服务，满足消费者的需求，推动产业的发展（如图 5-4）。

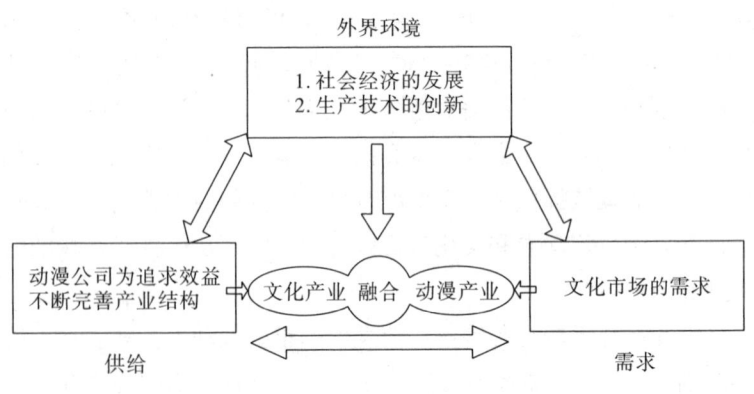

图 5-4 供给、需求、外界环境关系图

## 三、西南丝绸之路文化与动漫产业融合的激励

西南丝绸之路文化与动漫产业的融合，可以视作传统文化产业与动漫产业的融合。产业融合的激励作用可以从内部和外部两个方面来看。

首先，外部激励源于生产水平、科技进步和新的市场需求。随着技术的不断进步和生产水平的提高，各产业之间的交叉和融合变得更加容易。比如，信息技术的快速发展使得数字化产业与传统制造业、服务业等产业之间的融合更加紧密，从而推动了智能制造、智慧城市等的发展。

其次，内部激励源于拓宽传统市场、与其他产业形成交叉，带来新的机遇。通过产业融合，企业可以拓展传统市场，提高产品附加值和市场竞争力，促进企业转型升级。此外，不同产业之间的交叉融合也可以带来新的机遇和创新。比如，互联网和传统零售业的融合使新零售、电商等新兴业态得到发展。此外，共生原理和协同效应也是产业融合的激励因素。

### （一）外部激励

随着社会经济条件的飞速发展，人们的物质生活得到了极大的改善，但人们对于精神生活的追求也越来越高。然而，传统文化产业的单一文化传播方式已不能完全满足人们的需求。动漫产业作为一种新型的文化产业，不断寻找新的发展方式，借助不断更新迭代的技术方式，使传播途径更加多样化，例如通过互联网等数字媒体传播动漫作品，这使动漫作品的传播范围更广，受众更多。

传统文化与动漫产业的融合不仅能够满足人们的精神需求，促进动漫产业的创新和发展，也可以让更多的人了解和喜欢传统

文化，更好地传承和发扬传统文化。因此，动漫产业和文化的融合是必然的趋势，也是双方互利共赢的良好途径。

(二) 内部激励

1. 共生原理

产业共生性是指在同一个地区或同一产业链中，不同的产业系统之间相互依存和相互促进的关系。动漫产业和传统文化产业具有互补特性，可以通过科技应用搭建共生桥梁，实现新时代文化产业的发展和繁荣。外部环境变化是影响产业共生性的最重要因素。当外部环境发生变化时，不同产业系统需要进行适应性调整，以保持共生关系的稳定性。

动漫产业和文化的共生性是交叉互补的。动漫产业可以通过推广文化动漫作品吸引更多的粉丝和观众，提高影响力和市场竞争力；同时，通过动漫产业的带动，文化资源可以转化为经济资源，促进文化产业的发展。企业之间要协同合作，才能更好地应对市场变化和不确定性。通过与其他企业建立合作伙伴关系，企业可以分享资源和技术，实现优势互补和共同发展。在竞争激烈的市场环境中，协同合作是企业生存和发展的关键。

2. 协同效应

协同效应是指通过不同要素之间的合作互补和相互促进，使得整体效果大于各个要素单独作用的总和。在多元化发展策略中，协同效应可以帮助企业实现更高的经济效益和市场竞争力。不同产业的协同效应可以通过整合各自的要素实现。比如，动漫产业与文化的融合可以让动漫作品得到更好的传播和推广，从而获得更多的市场机会和经济效益。此外，动漫产业还可以借助文化进一步提高作品的知名度和市场占有率。

产业间协同效应还可以促进产业对其他产业要素的整合。比如,动漫产业与互联网产业的融合可以帮助动漫作品更好地进行数字化和网络化推广,同时也可以借助互联网产业的技术优势和用户群体,进一步扩大动漫产业的市场和影响力。在实际生产中,企业需要注意协同效应的管理和运营。通过建立合作伙伴关系、共享资源、协同创新等方式,不同产业可以实现优势互补,从而更好地实现多元化发展。

## 第五节 文化与动漫产业融合下的价值链解构与重构

### 一、价值链的解构与重构

(一)价值链的解构

产业融合不是一个简单的叠加过程,而是原有产业价值链的深层次重组。将文化元素与动漫作品原有的故事创意深度结合,融入动漫形象设计,这将推动动漫产业价值链在内容开发等环节的重构,鉴于动漫产业在文化产业中具有重要地位,也将影响到文化产业价值链。同时,随着线上线下渠道的深入融合,在传播、营销和用户沟通等环节,动漫产业价值链也将进行重组优化。这样的深层次重构过程,将形成融合后的新业态和新的价值创造模式。新的产业价值链不仅体现出内容与渠道等各个环节的优化协同,更重要的是反映出融合后的可持续运营机制。只有深入理解产业融合背后的价值链演变规律,才能发挥好其协同潜力。

1. 产业融合背后的价值链演变

文化产业作为一个开放体系，其价值链不断受外部产业要素的影响。随着动漫产业概念和元素的长足发展，文化产业原有的内容开发、产品设计等环节功能发生变化。例如文化商品的设计可能会加入更多动漫元素，内容开发也会与动漫故事结合。这种变化导致文化产业价值链部分环节的价值创造模式发生调整，一些环节的功能可能会被"剥离"出来。比如内容开发环节提取的动漫元素设计能力，以及产品设计环节吸收的动漫形象表达能力，就成为文化与动漫产业深度融合的契合点。当这些功能结合到动漫产业链中时，如动漫 IP 授权等环节，就可以实现文化和动漫在内容与形象等层面的深度整合。此外，在传播渠道和用户沟通等环节，文化与动漫产业融合后也将进行更深层次的价值链重组。通过挖掘价值链演变的契合点，推动文化和动漫产业向着融合发展的新轨道迈进。

2. 动漫产业内部原有价值链的分化与解体

作为一个完整的产业体系，动漫产业内部原有价值链会随环境变化而调整。比如在原创 IP 开发环节，可能会将文化元素与故事结合；在人物设计环节，可能会参考文化元素进行形象创新等。这些变化不会导致动漫产业整体价值链的解构，只是个别环节如原创内容开发等可能会发生功能调整。这些功能调整后的环节就成为文化与动漫产业融合的契合点。例如动漫 IP 开发环节可以与文化 IP 结合，或将文化元素引入人物设计等，经过重新整合后即形成动漫产业的新式链条运行模式。通过这种方式，动漫产业可以在保留整体框架的同时，实现内部优化升级。这就体现了产业融合背后的深层次价值链演变机制。

## （二）价值链的重构

产业融合背后的价值链演变机制是为了实现更深层次的产业整合。随着科技进步和市场环境变化，传统单一产业已经难以满足不断增长的市场需求。通过分解和重组价值链，产业可以与其他领域进行深层次结合，互相利用各自领域的资源优势，实现原有产品和服务的升级改造。比如汽车产业可以与互联网行业在智能连接领域进行融合，利用互联网技术提升车辆的智能水平。这种跨产业的价值链重构可以让不同产业间形成互利互惠的关系。一方面实现自身核心竞争力的提升，另一方面也为合作伙伴创造更多商机。通过优化各自资源的配置和协同运作，新型产业体系能够形成一个互补互惠的闭环，共同提升整体效率和价值水平。

传统的动漫产业价值链主要包括IP开发、内容制作、产品发行和渠道运营这四个独立环节。但随着数字化发展，受众对个性化内容的需求不断增长，传统分工模式已难以适应市场变化。通过内部价值链的重新整合，动漫产业可以实现各环节的深度整合。例如IP开发与内容制作整合，探索跨媒体IP开发；内容制作与产品发行整合，打造多元化的动漫产品；渠道运营与产品发行整合，构建"产品＋服务"的一体化体验等。这种重新定义和优化各环节关系的方式，有利于产出具有强大互动性和沉浸感的创新动漫作品，同时也能更好满足受众个性化的阅读体验需求。价值链重组还将改变传统的产业组织形式，推动动漫产业向"内容＋服务"的新模式转型升级。整体来看，价值链重组将形成新的产业生态，提升行业竞争力。

## 第六节　动漫产业市场规模化助力西南丝绸之路文化传承与传播

### 一、动漫运作机制国际化

助力西南丝绸之路文化传承与传播，中国动漫市场运行机制可以关注以下四个关键点。

#### （一）注重与丝路沿线各国的合作

丝绸之路沿线国家众多，除此之外，还有越来越多的国家受到中国文化影响。合作共赢一直以来都是丝路建设的核心理念，中国动漫作为中国文化传播的重要内容和方式，也要加强文化合作共赢的意识。其实，国际合作完成动漫创作，早已屡见不鲜。如动画作品《小鸡快跑》，就是美国著名动画工作室梦工厂、电影公司派拉蒙与英国知名动画工作室阿德曼合作制作的。除了此类同行业合作的案例，还有不少跨行业合作的动漫作品，不少商业品牌企业也积极加入了动漫行业的创作。如2010年由梦工厂动画公司制作的动画《驯龙高手》，就由知名百货公司沃尔玛、著名饮料品牌公司可口可乐等企业协作打造。这些商业公司的加入，除了为动画制作提供了资金的支持，还对动漫作品的宣传、衍生产品的销售等做出了显著的贡献，也为《驯龙高手》这部影片的成功起到了推动作用。这些动漫作品的成功，足以展现出合作对于动漫行业发展的重要性，同时也启示我们：中国动漫产业想要实现市场规模化发展，就要注重商业合作，不论是国内合作还是国际合作。西南丝绸之路的传承、建设与发展为动漫行业的商业合作带去了更多的可能，中国动漫产业可以借力西南丝绸之路文化，积极拓展国内国际商业合作，为中国动漫产业的发展开拓更多路径和方向。

### （二）完善"一带多"的动漫产业盈利模式

动漫产业不只是动漫作品的创作和推出，更是文化创意产业的融合。它包括除动画作品以外的漫画、衍生产品、文创产品等多种内容，是对动漫创意内容的规模化、产业化。对这些内容进行产业化运作，可以带来可观的经济效益。因此，盈利模式的完善也是动漫产业不可忽视的重要内容。以美国好莱坞动漫产业的运营发展为例，好莱坞完全意识到了文化对于该产业的重要性，在创作出一部优秀的动漫作品之后，通常会立刻根据动漫作品的内容衍生至电视、网络、主题乐园、日用产品等众多行业，尽可能地将动漫文化产品的价值发挥到最大。中国动漫产业也可以参考国外成功的案例，积极拓展利益渠道，形成自己的成熟的盈利模式。如研发相关的多媒体产品、网络内容、周边文创等来提升动漫作品的附加价值。除此之外，对于上映的动漫作品，可以发行不同的版本，如数字版本和 3D 版本，为观众提供更多的选择。同时，重点关注动画作品周边产品的研发，通过设计、销售不同的周边产品，以及运用同名漫画、游戏、主题乐园等方式，使动漫作品利益最大化。

### （三）控制劳动力的合理化资源分配

动漫创作的过程工序繁杂。可以合理地分配劳动力，将动漫创作过程模块化，如分为文本创作、画面绘制、后期合成等部分。知名动画作品《猫和老鼠》就是由部分外包的方式进行制作的，该动画的画面回执部分就是外包到中国，由中国的画师加工绘画而成。即使是美国、日本这些动漫产业相对发达的国家，相互外包制作也十分常见。通过外包的方式对劳动力进行合理分配，是提升动漫作品制作效率的重要举措之一。

（四）专注生产机制的专业化升级

动漫产业的规模化需要一个分工专业的完整的生产体系。动画作品在剧本创作阶段，需要将故事模型转换为电影剧本，接着确定文本和台词，在这个过程中的每个环节都要由专业人员进行把控，并且各个环节还需要有交流互动。之后，由专业人员对故事内容进行演练，检查是否有哪个环节与其他情节存在不协调之处，对检查结果做即时反馈和修改。近年来，科技技术不断更新，也使动漫创作技术升级，动漫创作专业性逐渐增强。现如今，一个成熟的动画公司或工作室，都会对动画创作者的身份和工作进行细分，越是专业的制作公司，分工越是专业化、细致化。如，在迪士尼动画公司，动画师被细分为动画角色设计师、动画造型师、动画场景设计师等多个类别。通过细致的分工，作品创作的每个环节都力求专业化、精准化，在保证动漫作品质量的同时，也提升了动漫创作的效率。通过这样的方式，企业可以制作出更多优质的动漫作品，打造动漫行业品牌。

## 二、开拓西南丝路受众市场，提升营销推广实力

动漫产业的营销前提是深入市场，了解受众需要，从而进行全面的分析、定位，为动漫作品的创新发展打好前期基础。后期根据市场特征，寻找最优的营销方案，挖掘多样化的促销形式，不断累积作品营销经验。

（一）注重对动漫市场的探索及开发

动漫作品的价值不仅仅是取悦观众，更是为社会带去积极的

文化精神理念和审美。动漫作品想要实现真正的有价值，除了要了解受众需求，还要了解市场文化、社会理念等，打造能够影响社会，满足人们精神文化需求的产品。要打造这样的优质动漫作品，首先就要深入市场，做好调查研究，了解市场的喜好和需求等。市场调查的结果对动漫作品的创作具有明确的指导作用。

在作品完成之后，上映之前，也需要根据受众接受度对作品进行再次审核，以此来保证作品的完整性。好的影视作品都会在上映前，请具有代表性的各圈层观众进行试看，从不同的角度对作品进行审视，评价作品的质量，然后根据这些观众的意见和想法，对作品中存在的问题进行调整，使影片在上映之后能真正适应市场，赢得市场。

### （二）采用新媒体整合的营销策略

作品上映之前的营销宣传阶段，可以采用多种媒体共同营销的方式，推动动漫作品进入商业市场。以电影《功夫熊猫》为例，该影片在上映前就将片花及短片通过多种传播方式流入中国市场，引发中国观众产生较高的期待，上映前掀起一波热潮，为后期的上映打好营销基础。

### （三）融合国际策略实现文化认同

动漫作品作为文化产品，其文化理念及价值在国际传播中势必会面临文化差异性问题，影响受众接受度。文化差异越是明显，对文化接受越是不利。

对于该现象，动漫创作者可以融合其他国家的动漫作品对外传播策略，尽可能降低文化差异带来的不利影响。以往就有不少西方导演在影片中适当加入东方文化，或者邀请东方演员参演，使作品先具有形式上的国际化，为西方影视作品增加异国特色的同时，也使得作品更具文化共性。国产动漫也可以采用这种国际发展的策略,使中国动漫作品在对外输出的过程中更能被海外受众接受,增强作品的文化认同感。

## 第七节　西南丝路文化与动漫产业的共生共赢

### 一、文化艺术创作形式的双向催生

丝路文化是东方文化与西方文化交汇而生的,经过不断的文化交流互动、迁徙与互鉴,碰撞出了多样化内容。西南丝绸之路作为丝绸之路的一部分,也是经过多年的历史沉淀与文化交流而衍生出的珍贵文化财富。西南丝路文化因地域的独特性,拥有形式多样的丰富的文化内容,加上其开放、多元的特征,有丰厚的文化资源可以供中国动漫创作者挖掘利用。这些文化资源中蕴含着中国几千年来的文化精髓、人文精神,以及中国人质朴的生活哲学和思想观念。此外,这些文化资源的呈现方式是丰富多样的,中国人民通过民族智慧开发出了众多具有鲜明特色的艺术表现形式。中国动漫作品从诞生起,就具有极强的民族色彩,这些民族化的表现形式,都离不开传统文化的支撑。从早期的经典动画作品《小蝌蚪找妈妈》《三个和尚》等作品中就可以看出,这些动画不仅蕴含了中华文化韵味,在表现形式上也受到了传统文化艺术表现形式的影响。至今,中国动漫作品包括神话、文学、民间故事、寓言故事等众多题材,也包括了剪纸、水墨、版画、年画等多种艺术手法。而动漫化的文化传承,也为文化带去了丰富的展现形式。传统文化正在通过二维、三维、全息投影、AR、VR等方式重现在大众视野中。动漫与丝路文化互相借鉴、融合的同时,也在互相成就,而这个过程还将是无止境的,无论是文化的挖掘创新还是动漫化的发展路径,都在等着我们继续探索。

## 二、文化碰撞下的审美情趣相互影响

审美情趣是人类对物体审美的判断,与审美趣味同义。不论是哪个国家、民族、地区,都有代表其群体的审美情趣,而审美情趣的产生都与其民族文化、社会观念有着密切联系,因此不同国家、民族间的审美情趣自然存在着一定差异。西南丝路文化中的审美趣味都是当地人民的艺术活动及创作形式的反映,他们通过文学作品、诗歌表演等形式表达自己对世间万物的审美理解,并且通过这些艺术活动与他人产生情感共鸣。中国动漫利用自身的艺术特点,结合传统的艺术形式,表现动漫作品的审美及韵味。以水墨动画为例,早年的水墨动画《小蝌蚪找妈妈》就是用山水画一点一墨、虚实结合、浓淡相间的方式,在勾勒画面的同时,追求画面之外的意境之美。除此之外,在水墨动画《牧童》当中,也有同样的审美表现。该动画用简练生动的线条勾勒出了牧童和水牛的外形,整部动画没有一句台词,通过缓慢的节奏和平淡的情节叙述,渲染出了中国国画悠扬、静谧的意境氛围,将作品想要表达的艺术与自然的关系缓缓烘托了出来。

现如今,不少动漫作品在内容上延续中国传统元素,而在画面的表现形式上,则通过现代动漫技术为传统文化赋予了新的审美方式。如《哪吒之魔童降世》《大圣归来》,通过数字技术对人物、场景进行细节表现,更加符合现代大众的审美趣味,同时也为传统文化增添了新的审美体验。丝路文化为动漫创作审美提供了基础和创新方向,而动漫技术也可以为丝路文化注入新的活力。

### 三、传统文化坚强后盾下的彼此成就

中国动漫想要打造出具有民族特色且具有国际辨识度的作品，离不开传统文化的助力。中国优秀传统文化一直以来都是现代文化创作的强大后盾，传统文化中蕴含的民族精神与文化特色是动漫创作的宝贵财富。国产动漫作品从诞生至今，每部优秀作品的成功都离不开传统文化的身影。无论在哪个时代，无论进行了怎样的创新发挥，动漫创作都需要强大的传统文化作为基准，都需要在此基础上进行拓展，没有民族文化精髓的动漫作品也将不具有"灵魂"。丝路文化的发展沉淀出了各具特色的文化艺术风格，现代动漫作品的创作在挖掘中华传统文化时，不能对传统文化进行生搬硬套，而是要掌握传统文化的内在价值和艺术特征，根据时代的需求进行合理创新。

动漫创作实质是一种跨领域创作，除了绘画，还涉及音乐、戏剧、文学、计算机等多个领域，是过程繁杂的文化创作，是众多文化要素和集体的智慧结晶，也是对民族文化的现代化呈现。融合了西南丝路文化的动漫作品，是对丝路文化的一种活态传承，它让传统文化不再只以静态的形式遗留下来，而是通过一种具有生命力的鲜活方式，呈现在大众视野中。动漫是传统文化在现代社会保持活力、重现光辉、可持续发展的重要方式之一。传统文化在为现代文化创作保驾护航的同时，也得到了现代化的活力重现，二者相互成就，共同发展。

# 第六章　西南丝绸之路历史故事与动漫融合的规律和策略

## 第一节　"一带一路"文化建设下的西南丝路文化复兴

### 一、"一带一路"背景下西南丝路文化的现代化建设

在这个全球发展大变革大调整的时代，国际竞争呈现多元化趋势，除了经济与信息技术的不断发展，国家文化软实力也是各个国家愈发重视的核心因素。增强文化软实力，能够提高国家在世界舞台的影响力，促进国家经济发展交流，展示国家及民族形象。

习近平主席在 2017 年的"一带一路"国际合作高峰论坛上强调要坚持以和平合作、开放包容、互学互鉴、互利共赢为核心

的丝路精神。[①] 同时，习近平主席还对丝绸之路文明及其文化价值进行了阐述，提出了"一带一路"文化建设就是要以文明交流超越文明隔阂、文明互鉴超越文明冲突、文明共存超越文明优越，推动各国相互理解、相互尊重、相互信任。"一带一路"倡议中的共商、共建、共享，是实现中华民族文化复兴的重要途径。

近年来，由于"一带一路"建设的日益推进，西南丝绸之路沿线的城市也随之发展，同时带动了相关地区人文艺术及视觉艺术的不断发展，使西南文化艺术搭载着现代化发展的快车再次熠熠生辉。然而，当传统文化艺术出现在现代化发展的舞台中央时，它已经不再仅仅表现为传统文化美学语境下的文化形式和文化理念，而是现代化的文艺复兴。传统文化艺术的表现形式正在适应时代发展及群众心理的需求，并随之产生转变。这种转变不是单纯地迎合现代信息环境，更不是摒弃传统文化的本质，而是对二者的有机结合。目前西南地区的文化产业发展仍需要深度挖掘，文化产业各个领域的创作要在不脱离现代生活的基础上，展现民族特色及风情，具有民族性、艺术性，做到通过文化共情引发群众共鸣。

## 二、西南地域文化对外传播

西南丝绸之路是从中原开出，路经缅甸、印度，通往西欧的商路，数千年来，极大地推动了西南地区经济、文化的建设和发展。西南丝绸之路的发展，也对西南地区民族文化有了无形的记

---

[①] 《习近平出席"一带一路"国际合作高峰论坛开幕式并发表主旨演讲》，中国政府网：www.gov.cn/xinwen/2017-05/14/content_5193673.htm#1，引用日期：2024-08-12。

载和传递，折射出了当地独特的文化形态。西南地区因其特殊的地势地貌，衍生出了不同的经济发展类型。例如，在地势相对平坦并有湖泊的地区，以农耕为主，而有大面积山地的地区则以游牧为主要经济发展类型。不同的地理环境形成了形式各异的经济类型，同时产生了不同的文化生态。这些差异使得人们产生了经济和文化交流的愿景。

成都是西南丝绸之路的起点，同时也是西南核心地区之一。成都是我国最先开始发展养蚕产业的地区，巴蜀地区著名的蜀锦文化就诞生于此。蜀锦在汉代发展繁荣，至唐宋时期影响力发展到了顶峰，通过西南丝绸之路外销到海外，历史久远，发展兴盛。

除了丝绸，西南地区还有其他丰富的物产交易，在《史记·西南夷列传》中，就有不少关于古时西南地区商贸产业交易的描述，如食盐贸易。历史上，在西南丝绸之路沿线南安、连然（今云南安宁市）、定远、广通等地区，都有食盐产业的经营史。史书记载，食盐是中国输往缅甸的主要物产，缅甸多数地区的食盐都以从中国输入为主。而缅甸则以其富产的棉花作为商贸物资，输向中国。除此之外，还有以宝石、麝香、鹿茸为主的稀有物资作为对外贸易的货品，通过人们骑马驮行进行流通。历史上，西南地区有不少地方政权都是驻扎在西南丝绸之路的贸易要塞之上，随着西南丝绸之路的贸易发展，这些地方政权所在地区的经济发展逐渐繁荣。因此，古时西南丝绸之路对于西南地区的经济文化发展，起到了强劲的推动作用。

## 三、"一带一路"背景下的西南丝路文化传播面临的挑战

西南丝绸之路继承和发展了我国古代丝路精神，在实现我国

与沿线国家在经济、文化等领域的交流和发展上起着催化剂作用，推动中国故事、中国声音的跨域传播。西南丝路文化作为传统丝路文化的分支，更要依托文化建设去维系各个国家历史文化记忆与人民情感的桥梁。

西南丝路文化的文化交流与文明共建行动是一种典型的跨文化国际传播过程，需要在不同文化体系发生信息传递交流与文化沟通互动行为。在国际传播活动中，由于不同国家之间存在思想文化的差异，想要实现文化的有效输出，还需要有效的编码与解码过程。也就是说，跨文化传播要考虑到知识识别、语言解释和非语言解释三个层面，要尽量消除文化传播过程的各类障碍，让不同文化背景的人们走到理解同频的传播路径上来。目前，西南丝路文化的国际传播面临以下挑战。

### （一）舆论导向构建缺乏话语权

在国际传播中，我们往往需要以西方国家的社交平台、流媒体平台为中介。受某些西方势力影响，我国的文化传播的正向输出受到限制。例如，有些西方舆论就曾把"一带一路"错误解读成中国式的"马歇尔计划"，还大肆鼓吹"中国威胁论"，使得"一带一路"文化传播受阻。某些西方媒体在新闻舆论引导方面，一直对中国形象进行污名化传播，让他国民众质疑"一带一路"倡议。近年来，国际交流受到影响，不稳定的文化交流状态不利于形成稳定和谐的文化传播环境。我们需要在各种偏见、歧视中稳固建立传播话语权，加强"一带一路"倡议的包容性和开放性诠释，保证中国文化国际传播的畅通。

### （二）"共性文化"评价标准缺失

跨文化交流需要与他国建立对等的"共性文化"评价标准，如果出现文化信息不对称、社会文化协调机制不到位等现象，会进一步导致国际文化交流话语失衡。西南丝绸之路作为联通国内外的贸易、文化交流要道，沿线国家文化各异，在进行文化传播时，要考虑寻找文化共性，即找寻各国文化的内在联系，在共性文化的基础上进行文化交流与合作。在针对西南丝绸之路沿线以外的国家进行文化传播时，更要考虑到文化交流的共性建构问题。因此，需要加快构建稳定、高效的协调机制，以促进丝路文化的有效传播，实现从构建与沿线各国的文化交流机制扩大到构建世界各国的文化交流机制。

## 四、"一带一路"背景下的西南丝路文化复兴策略

在新时代背景之下，西南丝路文化想要实现文化的复兴与走出去，就必须在与国家文化发展战略同步的基础上凝聚西南精神，制定具体、有效、具有实践意义的战略。做到以西南民族文化精神为发展核心，增强民族凝聚力和文化认同感，借助新时代信息化技术做好文化的传播推广，坚持讲好民族故事，弘扬民族文化精神。与此同时，制定针对性的发展策略，在国内积极推进文化认同、民族价值的传递，在国外积极应对挑战，提升国际影响力，增强国家话语权。

### （一）讲中国故事，凝民族精神

民族文化建设是一个国家社会发展的重要战略之一，民族精神是推动社会发展的精神动力。每个国家或地区的发展除了社会生产力的推动，还离不开精神文明力量的助力。西南地区民族文化在历史文化长河中，凝聚出了独具特色的精神财富，为基于西南丝绸之路文化讲好中国故事打下了坚实的基础，同时，在西南丝绸之路背景下"讲中国故事"也为西南地区民族文化的复兴提供了有效途径。西南地区民族文化的新时代复兴，要顺应社会发

展需求,搭载"一带一路"建设的快车,讲中国故事,打造中国民族形象。"一带一路"所倡议的"讲中国故事",对内可以促进民族文化交流,提高民族精神凝聚力,对外可以加强各国交流,实现文化共赏共识,是实现社会文明共建,弘扬丝路精神的有效途径。

想要通过"一带一路"建设实现西南地区民族文化的复兴,首先要提炼出优秀的民族文化内涵,挖掘民族文化故事,使西南地区民族文化精髓得以再现,将西南地区民族精神推向世界。通过讲述中国故事、传递中华民族精神,可以有效促进中华文化价值交流与共识构筑,建立国际信任,深化我国与他国文化往来,实现利益共存、合作共赢,推动中华民族伟大复兴。

而要讲好中国故事,弘扬好民族精神,离不开媒体的助力。随着互联网的普及,各种新兴媒体顺势而生,以电视、广播为主的传统媒介逐渐式微。此时,想要充分利用媒体的优势,就不能再单纯地依靠传统媒体,而是要将传统媒体与新媒体进行有机结合,利用互联网的优势大力传播民族文化。新媒体的出现解决了传统媒体空间阻隔、传输时效性差等问题,传播技术的革新也增强了我国文化对外输出的力度。我们在输出中华文化的同时,也要了解世界其他各国,尤其是"一带一路"沿线国家的主流媒体形式及特征,做到针对不同国家灵活使用不同的媒介传播形式,最大限度提升中华文化的国际影响力。

(二)立足国内市场,融入"一带一路"建设

具体到西南丝绸之路文化的发展和复兴,首先要让西南丝路文化走出西南,走向全国。我国各地区都有特色鲜明的本土文化,只有重视各地区间的文化交流、文化互动,才能增强民族文化基础,提高文化认同感,呈现全国各民族文化百花齐放的效果。"一带一路"建设中弘扬丝路精神要以民族文化精神作为支

柱，做到全局统筹，积极调动各地区参与，完善各地区的发展策略，推进丝路精神的传递。相关企业在生产上要符合生产要求及法律法规，在企业形象上要有民族风情特色，要有企业社会责任感，积极打造有利于展示中国形象的企业文化。同时，企业也要有国际合作意识，注意考察其他国家的资源、生产技术、企业结构等，有效推进国际合作。各地政府也应加强联系，减少各地区企业发展断层等现象，全国一盘棋，共同规范企业发展行为，为企业走出去提供支持，共同推进"一带一路"文化建设。

## （三）传递本民族文化理念，建立国际话语权

西南丝路文化的传播还应随着"一带一路"的发展走向世界。在对外传播的过程中，面对国际上存在的质疑和挑战，我们应当积极应对，准确传递中国对外发展理念，加强国际话语权的建立，提升国际信任度。丝路文化具有一定的国际影响力基础，弘扬丝路精神是建立和提升国际话语权的有效途径之一，借此我们可以向国际友人传达中国和平发展的理念及精神，增强国际认同感，增进国际文化交流合作。

在推动丝路精神传递的同时，还要注重建设弘扬丝路精神的平台，并积极建立国际认同的文化价值体系，助力国际话语权的提升。除此之外，对弘扬"一带一路"精神过程中存在的误解、疑虑要及时作出纠正和清理，确立明确的"一带一路"文化建设目标和发展方案，为提升国际话语权创造良好的发展环境。最后，致力建立能够提升国际话语权的制度体系。在提升国际话语权时，需要制定严谨的规范体系，合理有序地推进。规范体系的建立要基于国际规则，总结出适合中国特色社会主义发展道路，并能为丝路精神起到助力作用的规范制度。国际话语权的提升可以为丝路精神的发展创设健康的国际氛围，有利于民族精神的弘扬，同时也能对中华文化的"走出去"产生不可小觑的影响。

## 第二节　西南丝绸之路故事内涵挖掘与动漫民族化形式阐发

### 一、西南丝路民间故事内在精神价值的外延

民间故事是见证历史文化、社会现状，记录、传递民间生活习俗的重要形式，也是促进各个阶段民族及社会经济、文化发展的不竭动力。民间故事是不同文化交汇、融合形成的，再现了不同时期、不同地区中华民族民间文化的生态面貌，并且为各种文化的交流融合提供了平台。民间故事作为民间文化的载体，可以重现不同历史时期人们的思想观念、社会情感和心理特征，反映各时期人类的生活现状，并且成为后来社会了解以往民族文化和推动文化传播的有效途径。中国作为一个多民族共同发展的国家，就是通过不同民族之间的文化互动和交流，共同发展和进步，才形成了现如今多元的文化。本书正是基于这样的文化背景，以西南丝绸之路沿线传承下来的民间故事为对象，发掘具有民族代表性的文化元素，考察其动漫化传承的可能。

西南地区汇聚了汉、白、壮、傣、苗、回、藏等多个民族，每个民族都有其独特的民族文化，随着时代的变迁，这些少数民族文化也产生了一些变化，但是仍然保持着具有西南地区民族气息的多元化文化特色，并持续对西南地区的发展产生深厚的影响。民间故事是社会现实生活的缩影，能够直观地展现某一时期的经济发展、社会意识以及百姓的真实生活状态，是劳动人民智慧文化财富的体现。一个民间故事在传承过程中，会保持一种开放的状态，经过与其他文化的不断融合，根据不同文化风俗、民

族信仰、思想观念等，在内容、角色、主题观念等方面得到调整、更改，融合多民族文化智慧与情感，从而衍生出更多具有各地本土文化精神的民间故事话本。这些民间故事话本对本土民间故事进行再造，在融合、吸取的基础上不断丰富和延续本民族文化故事。

以众所周知的《牛郎织女》故事为例，在贵州多地该故事都是以"爱情忠贞"为主旨，根据考察，该版本的故事是在明代开始传播的。在这个版本之外，《牛郎织女》在其他朝代也有不同的价值主题。在战国时期，《牛郎织女》的故事在《日书》中被描述为具有悲剧性质的爱情故事，被视为不幸婚姻的代表。在齐梁时期殷芸的《小说》当中，《牛郎织女》被记载为男女之间一味追求爱情而荒废劳作，牛郎织女也因此被罚只能一年一见，在该时期，《牛郎织女》的故事带有一定的教育、批评的寓意。而在唐代，《牛郎织女》中的织女更是被记载为一个负面、消极的女性形象。即使是在故事广泛传播的明代，《牛郎织女》的故事也有不同的版本。在万历年间，牛郎织女的故事是为了警示世人，爱情姻缘乃是上天注定；而在明末，该故事则是以歌颂牛郎与织女间的爱情为主。

贵州地区流传的《牛郎织女》故事文本内容基本一致，前半部分都描写了牛郎在分家被赶出去后，遇到了织女，并和织女产生了情愫。贵州苗族聚居区的人们将本民族的山歌文化加入其中，用山歌对唱的方式演绎牛郎与织女的日常生活，用山歌中的对话方式来诠释牛郎与织女对彼此的心意以及对婚姻的意愿，独具特色。同一个《牛郎织女》的故事表现出了不同地区人们描述爱情的不同方式，也展现了不同地域的风情。《牛郎织女》的故事在贵州各个地区的传播过程中，在内容主题上存在较高的一致性，说明各民族的文化认同性比较强；表现形式上则因加入了本土文化特色而有所不同，在细节上展现了差异化的民族风情、文化特色和社会价值等。这种差异化的表现为民间故事的发展增添了更多特色与趣味性，为故事的传承增添了更多民族和地域色彩。

民间故事在传承和发展中的融合和变异，不是简单地将其他文化元素植入故事文本之中，而是人们基于自己的民族文化进行创作、改编，然后通过口述、转述、记叙等方式在不同民族之间进行传递，进而实现民族间的文化交流、文化互鉴、文化认同，以此来不断地推动民族文化的共同发展。研究民间故事的传承也是研究各民族的本土文化建设，通过对民间故事的探究，寻找本民族文化发展的路径，或者通过其他民族的视角，研究本土文化的内在精神价值及未来发展走向。从更多的角度了解本民族及其他民族之间的文化结构，既可以加深人们对本民族文化的归属感，又为本民族文化的长远发展提供了助力，同时也可以极大提高各民族之间的文化认同感。

民间故事文本是集结民间大众的智慧创作而成的，是民间生活哲学的体现，也是民间百姓生活的真实反映，包含了百姓公认的道德理念、伦理标准等，也寄托着百姓对生活的美好憧憬。以贵州驿道动物报恩的故事弘扬优良的道德品质，强化民众的伦理道德感，具有教育意义；通过神树类型的故事告诫人们善恶有轮回，不要为了利益而做不正之事，但行好事，用最贴近生活的方式传递情感价值，传达善意与美好。民间故事是一种最贴近生活，最易以生活化的方式进行道德宣传、教化的方式。人们可以根据社会现实生活、民族文化理念等内容形成民间故事文本，并以最直接的口述方式进行道德教化，弘扬人性的善意，并对自私、虚伪、邪恶等进行直接的抨击，提升民众的道德素养。民间故事经历千年仍然能传诵至今，正是因为它所具有的伦理道德价值及其传递的正向观念，能够对社会秩序乃至人类文明起到积极的推进作用。

## 二、民族动漫形象的品牌化和价值延伸

近年来,我国动漫作品中具有"偶像式"标杆意义的角色相对匮乏,除了早期的孙悟空、葫芦娃、黑猫警长等一些经典角色深入人心,之后的动漫市场上就很少出现能够长久不衰的具有中国特色的角色形象。国产动漫在品牌打造方面做得还远远不够,缺乏文化特色的体现,品牌化力量薄弱,这些都是制约我国动漫产业发展的重要因素。中国动漫要想打造中国特色的优秀品牌形象,就必须找到打响第一枪的关键点,找到适宜的打造方式。国产动漫在打造品牌的时候,应从动画制作的元素着手,以小见大。在动漫制作中,角色形象的塑造至关重要,生动的动漫角色更易给观众留下深刻印象,通过动漫角色塑造和强化品牌形象,能够有效改善国产动漫缺乏"品牌意识"的现状。基于此,我国鲜明的民族文化特色就可派上用场,在打造动漫品牌形象时融入我国民族文化元素,创造独具民族特色的品牌文化,能进一步提高国产动漫可识别性。

将民族文化融入现代动漫创作无法一蹴而就。借鉴传统民族文化需要一个由浅到深的学习过程,我们首先要对传统文化中的文化内涵、价值意义有深度了解,之后再回到作品创作,从制作形式上考虑将民族文化巧妙融入,并应时代要求进行调整、创新;同时,要通过对传统文化的深层挖掘,取其精华,在此基础上,再进行推敲、磨合、创新等,以此来提高动漫作品的内在品质。如此,方可通过民族文化元素强化国产动漫的民族特色,实现民族文化品牌影响力的最大化,进而助力弘扬民族精神,传承中华优秀传统文化。

## （一）从传统文化中选取创作题材

中国数千年历史中极富传统文化色彩的民间故事、寓言故事、神话传说、经典文学等文化珍宝为国产动漫的发展打下了坚实的选材基础。以早期的动画片《老鼠嫁女》为例，这部动画选材自中国民间故事，这类题材也是古代年画中常常使用的。《铁扇公主》《大闹天宫》《哪吒闹海》等众所周知的经典作品也都是取材于我国古代的民间神话故事。1988年由日本导演川本喜八郎执导，上海美术电影制片厂出品的木偶动画短片《不射之射》（如图6-1），就取材自文学传记《列子》，传达了道家"无为而为"的理念，也是当时中日文化交流的成果之一。

图6-1 动画《不射之射》画面截图

## （二）从传统艺术与多元素融合中确定作品风格

从传统民族文化中提取艺术风格，有两个方向。第一种：风格化的传统艺术。以动画作品《除夕的故事》为例，该动画采用了我国传统的年画艺术形式，但不是一味地生搬硬套，而是在此基础上做了风格化处理。在整体风格上借鉴了年画相对粗犷，画面线条刚硬、块面分明的特点。在人物形象、运镜等元素上借鉴了剪纸动画，以摆拍的形式为主，类似于定格动画，采用逐格拍摄的方式，并且突破了传统年画中人物半侧面或全身入画等固有模式。

第二种：多元素的融合。顾名思义就是在多种艺术表现形式中寻找共同点，融会贯通，使动画作品表现手法不再单一。经典动画作品《大闹天宫》便使用了这样的表现手法，该动画融会了多种艺术表现形式，将它们进行重组搭配，丰富了动画表现形式。

不管是选择哪种方向，创作者都需要进行深入研究，剖析其中的内在规律，在此基础上借鉴使用。同样以《大闹天宫》为例，这部动画的所有角色造型都对传统文化元素有所借鉴，并且在制作过程中加入了自己对角色的理解，依据角色性格，突出角色的造型特征。剧中主角孙悟空，采用了我国传统戏曲中孙悟空的造型特点（如图6-2）；又如玉皇大帝这一人物，也是通过对眉眼的刻画深化了该角色的特点。

图6-2 动画片《大闹天宫》截图

## （三）从民间艺术形式中提炼运动美感

关于动画的运动规律，可以参考的传统艺术形态有戏曲、乐曲、舞蹈等，这些艺术形态中所蕴含的动态美是极为宝贵的。以我国艺术国粹京剧为例，其中涉及的运动规律和动态美对于动画制作来说是十分珍贵的参考资料。中国戏曲理论家齐如山曾经在他的书籍《国剧艺术汇考》中说过，京剧是"无声不歌，无动不舞"，中国戏曲是在中国传统歌舞艺术中加入内容情节之后演变而来的。美国知名动画制作公司迪士尼也是在经历了从无声影片到音乐影片的时代之后才诞生的，这也是迪士尼动画中运动美感尤为突出的主要原因。而说到国产动画作品，《大闹天宫》正是汲取了中国传统戏曲文化的养分，从中挖掘出了运动规律，并将其运用在自己的作品中，无论是场面的调度还是角色的运动都极具动态美感。除此之外，还有像《渔童》这种剪纸风格的动画，在运动形式上则借鉴了皮影艺术。与皮影艺术风格的结合，弥补了剪纸在动画中运动受限这一不足，使剪纸形式有更多灵活呈现的空间。皮影与剪纸这两种表现形式的结合，形成了静中有动、动静相宜的画面，增添了动画作品的艺术韵味。

（四）从民族文化中寻找符号化表达

传统民族文化都拥有自己的文化象征，如大家相对熟悉的一些符号：蝴蝶和花，一般象征着男女之间的美好恋情，在经典民间故事《梁山伯与祝英台》中，就用蝴蝶双飞来表示双宿双飞；又如，寿宴上一般用寿桃象征长寿多福。这些象征性的符号有的来自文字谐音，有的则是源自民族服饰、地方建筑甚至远古图腾。中国经典动画作品《三个和尚》（如图6-3）就明显运用了象征性符号。三个小和尚一出场就伴随着三种小动物，分别为是乌龟、蝴蝶以及鱼。在中国传统文化中，乌龟代表着长寿；蝴蝶象征着爱情；鱼意味着多子多孙，象征繁衍。这些符号也是对三个小和尚内心私欲的隐喻，为之后三个和尚修行之路的坎坷埋下伏笔。故事中还有小老鼠这一形象，在三个小和尚手忙脚乱灭火时，小老鼠不时出现并乱窜；当火被扑灭时，小老鼠再次出现，最终被三个和尚合力吓死。这个小老鼠实际上是这三小个和尚心魔的象征性符号。这部影片中的符号元素都很贴合剧情走向，又具有一些隐喻和象征意味，使整部作品更具深意。

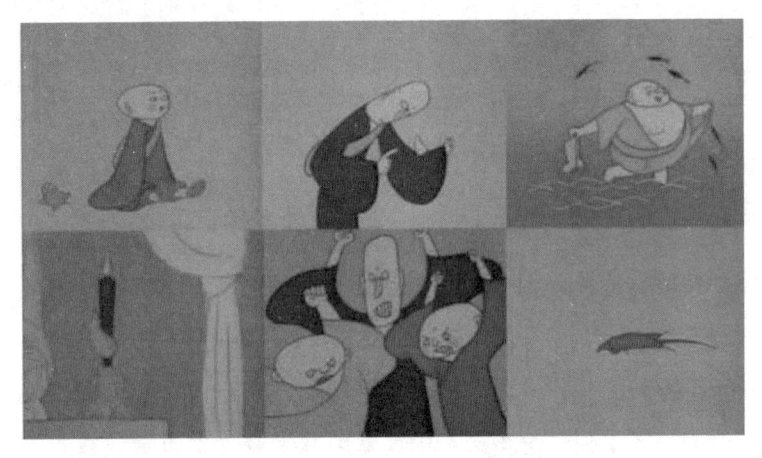

图 6—3 动画《三个和尚》截图

## 第三节 西南丝绸之路历史故事动漫化的实现方式与路径

动漫化的呈现方式既能对西南丝路上的民间故事进行现代化记录和再现,又能对民间文化进行活态传承,推动丝路文化的保护、传播和发展,同时也是对西南丝路历史文化的再创作。优秀的动漫化创作可以突破民间文化的传统表现方式,但又不破坏历史文化的本真面貌。以这一创新形式呈现民间故事,更易于反映不断变迁的时代背景及社会观念,是民间故事适应新时代的存在和表达方式之一,更能表现民间文化的内在魅力;创新的表现形式也可以为其注入新时代的生命力,助力西南丝路文化寻找可持续传承和发展的路径。

在视觉文化时代,对历史文本进行数字化、动漫化呈现和传承是大势所趋,相关从业者还需要不断摸索和完善。历史故事与动漫产业的融合,为历史故事的延续提供了更加长远的发展空间,激发了历史故事的生命活力,使历史故事能够长效保存。同时,历史故事为动漫产业的创新发展提供了丰富的资源,使动漫创作的题材、内容和表现形式更加多元化,为国产动漫打造民族品牌提供了方向。

## 一、以动画艺术语言突出历史故事文化魅力

动画是一种以丰富的表现性、趣味性、数字性来展示画面的艺术表现手法。对历史故事做动态化的视听呈现,可以更加直观地展现历史故事的文化魅力。动画所具有的色彩、造型、动效、声音等艺术元素,将历史故事静态的内容变得更加丰富有趣,动画化的角色设计、场景设计、具象化的形象塑造等,也使历史故事更加生动,更富有生命力,更易吸引大众的注意力。同时,由于动画艺术语言的表现形式不受民族文化、地域、语言等因素的限制,具有极强的情感共通性,更易于传播,对历史故事的动漫化呈现能够使中国优秀传统文化被更多的观众接纳。数字化的创作拓展了历史文化的传播路径。

## 二、新兴技术创新历史故事的呈现方式

数字技术手段的逐渐丰富,衍生出了各式各样的动漫表现方式,也催生了众多新兴媒体,为动漫作品的传播提供了便利。现如今,动漫数字技术主要由二维技术、三维技术、全息投影技术、虚拟现实技术、增强现实技术等组成。二维技术、三维技术主要应用于动画制作。历史故事的动漫化呈现,除了动画作品形式,还可以延伸到全息投影、虚拟现实和增强现实技术领域,这些数字技术的交互性极强,其真实感及沉浸感也能为受众带来更好的视听体验。例如,用AR技术结合历史故事文本中的主要角

色及情节，打造趣味读物，使大众在阅读时体验到与书本文字互动的效果，提升读书的趣味性；或者是在数字博物馆中，利用VR技术再现历史故事的情节片段，使大众通过数字设备体验身临其境的感觉，也帮助大众更加深刻地了解历史故事的文化渊源。新兴数字技术的参与，将为历史故事的动漫化呈现开辟更多的发展路径，更利于历史故事文化的渗透。

### 三、动漫产业链的全系推广模式

历史故事的动漫化呈现不只是将历史故事通过动画作品的方式展现，还包括动漫产业中的漫画、游戏、周边产品等形式。通过动画作品传播历史故事是第一阶段，随后衍生与之相关的同系列漫画、游戏、文创产品等，是历史故事动漫化传播的第二阶段。历史故事的动漫化创作衍生出的动漫形象还能运用于相关文化产品的开发，由此拓宽传播渠道，扩大历史故事文化的传播范围。动漫作品受众广泛，丰富的动漫化表现手法能为历史故事开拓更多的潜在观众。同时，多个领域的合作也能带动彼此行业的发展，为历史文化的传播提供更多的平台和发展路径，使中国历史故事文化更易走出国门，走向世界。

## 第四节 西南丝绸之路历史故事与动漫融合的产业链模型构建

动漫产业的发展不是由动漫创作的局部发展决定的，而是需要完整的动漫产业链的融合发展。动漫产业包括动漫创作，以及基于作品衍生出来的游戏、文创产品等。我国动漫产业目前还在完善过程中，尚未形成强有力的产业链模式。完整的动漫产业链的核心其实在于优质的文化内容。西南丝绸之路上的历史故事经过多年的文化洗礼，留下丰厚的文化资源，这些体现了中华文化精髓的历史故事为我国动漫产业的发展提供了核心助力。国产动漫要在与西南历史故事文化的融合下，不断寻找创作突破口，并对动漫行业产业链不断完善。

## 一、打造西南丝路优质动漫 IP

动漫行业的发展逐渐过渡到了 IP 为王的时代，优质的动漫 IP 将会为动漫行业带来巨大的收益。近年来，国内也开始出现基于传统文化故事打造的优质动漫 IP。以 2015 年上映的国产动画电影《大圣归来》为例，该动画影片主角原型是经典名著《西游记》中的孙悟空，但是《大圣归来》的内容并没有按照《西游记》的故事情节发展和诠释，而是以故事角色和背景为依据，加上后期的内容创新，结合现代观众的生活状态和价值观念，重新打造出了一个全新的故事 IP。《大圣归来》中的"大圣"，是一个自我否定、落魄失意，最后涅槃重生的形象，引发了现代社会年轻人强烈的共鸣，也让正在打拼的年轻人产生了希望。《大圣归来》IP 的热潮带动了相关产业的兴起。优质 IP 已然成为动漫产业发展的核心动力。中国动漫想要走向世界，就要打造具有自己民族特色的优质动漫 IP，塑造中国动漫的特色形象。

## 二、建立动漫产业链资金保障体系

动漫作品的创作很容易受到资金问题的牵制，一些现在已经取得一定程度成功的作品也曾面对这种难题。资金欠缺导致人才流失，行业技术水平受限，以致作品效果呈现不理想，市场反响不足，这也导致很多投资商不敢轻易投资国产动漫，进一步加剧了国漫市场资金困难的窘境。《哪吒之魔童降世》《大圣归来》等作品的成功，给了一些投资方信心，使得后来的《姜子牙》等作品的资金筹备不再像以往那么困难。国产动漫作品通过西南丝路建设走出了国门，让越来越多的国家和人民看到了中国动漫的潜质，也为动漫创作开拓了更大的投资空间。中国动漫通过国内外的市场开拓，逐渐建立起属于自己的资金支持体系。

## 三、完善专业人才培养系统

要创作优秀的动漫作品，足够的资金只是基础保障，成熟的制作团队才是核心支撑。制作团队的水平在很大程度上决定一部动画的质量。《哪吒之魔童降世》与其他国产动漫相比在制作水平上有了显著提升，其创作的各个环节，都有专业的高水平制作人员参与，最终保证了作品的效果。世界知名电影公司在动画创作的每个环节都有专业人才的细分，通过专业化的制作流程保障作品质量。这些都说明了动漫人才专业素养对于动漫作品的重要性。中国动漫产业也需要通过对创作人员的专业化培养来建立优质的动漫创作团队。

## 四、精耕细作，创作西南丝路动漫精品

优质的动漫作品需要投入大量的时间、人力和物力精耕细作，打磨推敲。用心产出的动漫作品一定能体现出创作者的努力与付出。知名日本动画大师宫崎骏，在创作动漫作品时，一直坚持高要求、高标准，不惜花费数年的时间打磨一部作品。宫崎骏动漫作品的制作时间基本都在两年以上，吉卜力工作室一个月只能为其绘制出五分钟的动画时长，其中《幽灵公主》的创作时间更是长达十年。对动漫作品的每个制作环节都保持严谨的态度，

把控好每一个细节,这种对高质量的坚定追求,势必会获得高质量的回报。

## 五、搭载网络媒体,传递西南丝路动漫形象

动漫作品有了好的内容,还需要传播渠道进行宣传,有了前期的创作与绘制,还需要后期的宣传营销,由此形成动漫运作的完整产业链。动漫形象的传播离不开宣传造势,现如今,很多影视作品在前期都会通过宣传为作品提升热度,后期则打造口碑效应。然而不论是前期的宣传还是后期的口碑打造,都需要多个平台的共同推动。此时,搭载互联网的便车,利用网络媒体进行宣传,效果更加可观,更能将动漫品牌形象传递出去。互联网的发展为动漫产业链的成熟和扩张提供了契机,西南丝绸之路的建设也进一步助推了动漫产业的影响力。互联网的大数据分析,为动漫作品的创作提供了市场依据;根据市场数据的分析创作符合市场需求的动漫作品,打造贴近市场需求的动漫角色,更加有利于国产动漫的形象传递。

# 第五节 西南丝路文化涵养动漫
# 美学品质与凸显人文精神

## 一、塑造西南丝路文化动漫美学形象

西南丝绸之路上的文化底蕴深厚,为现代文化产业的创作发展提供了丰富的资源库。国产动漫在西南丝路文化中挖掘素材,进行内容创作,塑造出了具有西南民族文化特色的动漫形象。对

丝路文化的探究对于我国动漫美学形象的构建具有极强的文化价值。近年来以《大圣归来》《大护法》《哪吒之魔童降世》《姜子牙》等为代表的中国风动画作品，都取得了较好的票房及口碑。同时，这些作品也逐渐塑造出了以中国传统文化为基调的民族动漫形象。"一带一路"建设为国产动漫的传播创造了更多的契机，动漫主题及美学形象的塑造可以在传统文化的基础上，融入"一带一路"核心理念，塑造更加丰富、立体的国产动漫形象。《大圣归来》塑造了一个冲破困境、涅槃而生的角色形象；《哪吒之魔童降世》塑造了重情重义的角色形象；而《姜子牙》则塑造了一个正义的英雄形象。从本质上讲，这些类型的角色在西方动画中也并不鲜见，要想从同质化的竞争中脱颖而出，我们就应当将中国动漫形象塑造成具有中国文化特色的民族化形象。将中国优秀文化内涵以及中国人民优良的文化价值观，通过动漫视听语言的表现传递出去，塑造出可以展示中国声音、中国态度的动漫形象，是树立我国动漫形象独特性的关键。

## 二、凸显"人类命运共同体"的人文精神内涵

"一带一路"倡议着力通过交流、合作、互鉴实现共同进步，构建人类命运共同体，其内在原因是，人类文明发展至今，已经进入了高度交融的阶段。中国基于人类文明发展的全局考虑，提倡通过构建人类命运共同体，推动世界各国共同发展进步，为全人类文明的和谐发展提供方向，构建美好蓝图。

丝绸之路合作共赢倡议的实施是实现人类命运共同体美好蓝图的重要一步。在现如今的国产动漫中，能够反映人类命运共同体核心价值观的作品并不多见。虽然人类命运共同体是一个比较宏大的概念，但是其蕴含的内在核心价值一直都是非常明确的。在目前竞争激烈、关系复杂的国际形势之下，主张各国各民族之

间互相尊重、合作发展、共同进步，并在文化的交流上相互包容、借鉴学习，成为创建良好国际氛围的重要途径，也是真正实现人类命运共同体的关键方式。国产动漫要在挖掘民族文化元素的基础上，通过不同的主题，反映人类命运共同体的内核价值；通过传统文化的融合，丰富艺术表现方式。人类命运共同体是中国特色社会主义在新时代所推崇的价值理念，也是人类文明进步过程中应追求的美好愿景。中国动漫创作，唯有把握住人类命运共同体的核心价值，才能使文化传播的效果最大化。在电影《阿凡达》中，就有对人类命运共同体价值的隐喻。该片通过人类与外来物种间的联系，影射了当今世界各国之间、各民族之间存在的矛盾，最终人类与外来物种的和谐共处，引发观众对民族、国家间隔阂的反思。人类命运共同体的理念是人类文明发展的引路灯。融合西南丝路文化的中国动漫，无论是为了助力"一带一路"建设，还是为了推动人类文明建设，都应积极探索创作具有时代意义的优质作品。

## 三、动漫文化价值的传递与时代精神的统一

西南丝路文化传播的核心内容在于价值观念，民族动漫形象的构建意义也在于此，尤其是存在于精神层面的主观形象。动漫作品是"一带一路"文化形象的主要载体之一，比一般媒体能承载更多的叙事元素，通过丰富的视听元素强化主题价值，更易被大众接受，更好表现出其蕴含的内在核心价值。

中国动漫文化的发展要瞄准时代的焦点，不断挖掘时代精神价值，在自我文化的表达过程中要注意文化价值与时代精神的统一，这也正是推进西南丝路文化传播的重要意义。

## 第六节　西南丝路动漫传播的基本形态与运行模式

### 一、媒介融合背景下动画的发展趋势

互联网科技的高度发展，让每个人都被卷入互联网浪潮中，各种信息无孔不入，各类角度、各个领域的信息竞相涌现，促成了当今时代多元化、全球化的开放属性。年轻一代深感互联网技术的便捷，与此同时也深受互联网传播的各种文化和价值观的影响。丰富多元的文化与观念之间也存在相互弥补的关系，催生多变的化学反应。

（一）媒体融合的背景

就目前看来，新媒体在创新和活力表现上占据一定优势，但还是不能完全替代传统媒体。

传统媒体往往有强有力的政策支持和较大的社会影响、丰富的人力物力资源和经验等优势。在内容传播上，传统媒体往往也能在进行长时间深入的采访和调查研究后，呈现更有层次、更准确、更深度的报道，传播更充分的信息。经过多年的研磨发展，传统媒体早已具有品牌口碑、知名度且拥有一批忠实用户。

新媒体更多是将内容呈现在移动设备网络终端上。新媒体被称为纸质媒体、广播电视、网络等媒体之后的"第五媒体"，具有交互性、即时性、开放性、包容性和广域性等特征。

新媒体的交互性体现在利用数字技术打破传统媒体接收信息的单一模式，新兴的媒体技术提供了交互多元化的传播方式，能

让用户更好地体验产品,感受传播乐趣,拥有自由展现自我的利器。新媒体的互动性通过丰富有趣的交互形式吸引用户,产生用户黏性。

新媒体传播的即时性得益于新媒体的便捷性和强大的传播效力。新闻目击者可以轻松记录事件发生的第一现场,当下其内容就可能被他人浏览,每个人都能获取最新最快的信息。

新媒体的开放性体现在人人皆可成为信息的发送者和传播者,除了设备易获取,信息制作和发布简单,还有一个重要原因是没有传统媒体信息那样细致严格的审核条款和核实流程,这也导致基于发布便捷性和庞大用户基数形成的海量传播信息泥沙俱下,接收者尤其要注意辨识。

新媒体的包容性表现为更多小众化的自媒体诞生。新媒体包容并传播各式各样独具特点的信息,打破传统的中心化结构传播模式。不同受众会有不同的关注点,为用户提供个性化的选择也是大数据便利高效的显著优势之一。

新媒体的传播具有广域性。新媒体不拘泥于纸质硬件等媒介,不要求特定的信息获取工具,比传统媒介更加自由、便利、普及。

新媒体有着传统媒体无法达到的优势,传统媒体具有新媒体不可替代的特点。两者共存则需要相互补充、扬长补短。在这种需要两者互补融合的情况下,全新的兼具两者优势的融媒体开始出现。

## (二)媒介融合下动漫的发展态势

信息时代,动漫艺术的表现形式得到了扩展,受众范围也进一步扩大。二维技术、三维技术、虚拟现实、增强现实等新兴技术的出现与发展,在视觉、听觉层面给予了动漫多样可能。利用新媒体技术制作和传播动画片,也能更好地满足受众精神层面的需要。同时，新媒体技术的不断发展也为动漫创作带来了更多灵感，传统文化可以借着数字技术实现动态影像化呈现；传播途径的扩大化，则使动漫在数字时代拥有了更加灵活的传播和接收模式。

动漫不仅拥有了技术更迭带来的更加丰富多样的表现形式，还受到网络群体碎片化、快餐式的媒介消费习惯的影响，慢慢演变出新形式——微动画。微动画就是在传统动画制作技术上衍生出来的更为精炼、短小的动画形式。学界对其的定义也不统一，有的学者认为应该按照时长（10~180 秒）来定义微动画；学者李明则认为，"微动画概念主要表现为：内容紧扣社会动脉，以社会热点话题为题材，影片时长短，但是内容完整，表达主题集中，以其'短小身材'挤入大众忙碌生活中去，具有便捷的传播和流通性"[1]。微动画不同于影视短片，题材的开放性与表现方式的无限性使得微动画呈现出多样主题，比如科普式的《飞碟说》，娱乐化的《阿巳与小铃铛》，感悟开导式的《一禅小和尚》等。在抖音、微博、微信等提供短视频投放的平台，都可以看到微动画的影子。故事娱乐性强、内容精简短小的微动画也在碎片化时段满足了当下受众群体的情感寄托。

## 二、媒介融合时代动画的多样化传播

全球信息化、数字化发展加速了新媒体时代的到来。新媒体以其优越的传播性能逐渐成为媒体中坚力量，也为动漫的数字化传播提供了更积极的效能。在时代发展趋势之下，传统媒体加速与新媒体融合，为动漫产业带来优质传播特性：创新性极强的数

---

[1] 李明. 媒体融合背景下微动画的创作研究［J］. 海南师范大学学报（社会科学版），2021，34（06）：118-125.

字化技术、动漫传播载体的逐渐细化以及形式多样的现代化体验，极大增强了动漫的传播效能，扩大了动漫的传播效应。

（一）融合媒体艺术的普适性

在融合媒体传播营销背景下，各类数字产业以用户为中心打造产品，用户的体验感及喜好度也逐渐成为判断一个数字作品是否成功的主要因素。融合媒体传播下的动漫具有极强的共享性、时效性、交互性以及内容的广泛性，为适应大众喜好提供了坚实的基础。动漫作品及创作者间的文化差异等因素，也为动漫作品内容及形式的丰富做出了贡献，与此同时，大数据下的用户年龄、区域、喜好的匹配和引导，也为动漫的普适性增添了动力。在融合媒体技术的加持下，动漫除了拥有独具文化特色和个性色彩的故事内容、符合社会核心价值的传播主旨，还具有数字化的视听新体验，通过内容与数字技术的双重属性来捕捉用户的注意力，传播效能也随之提升。动漫同时也应用在现代化教学当中，增强了教学的趣味性和互动性，使师生课堂氛围的活跃性大大提高。

新媒体与传统媒体的技术融合下，信息获取方式更具灵活性，更能适应不同数字设备，同时将信息以更为精炼的形式传递给大众，使大众在忙碌的工作之余可以利用碎片化的时间随时随地获取信息，这种信息获取方式已经十分普及，社会大众也表现出了一定的依赖性。

（二）数字特效的视觉冲击

数字特效是利用计算机图形技术呈现出的视觉效果，以影视特效为主，除了科幻题材，现如今在动漫、仙侠剧中也会有不同程度的呈现。数字特效可以通过技术呈现出一个虚拟的世界或者场景，具有极强的新奇感和未知感，同时还能给观众带来震撼的视觉冲击力。数字特效电影搭配电影院的 3D 播放设备，可以给观众带来极具沉浸感的感官效果，大大提升观影的体验，满足人们对新鲜事物的猎奇心理，也使观众更容易沉浸在银幕呈现的虚拟世界中。在推动影视产业发展的同时，满足观众娱乐需求。科幻电影《阿凡达》就将数字特效运用到了极致，影片中的人物、场景等都是通过数字影像特效合成的，打造了一个外星物种世界。栩栩如生的画面效果为观众带来了全新的视野，收获了国内外影迷的一致好评，如今也成为数字特效电影的里程碑式作品。除了科幻电影，悬疑电影中数字特效的应用也在逐渐增加。莱昂纳多·迪卡普里奥主演的经典悬疑电影《盗梦空间》，就是利用电脑特效将梦境中的虚拟世界呈现出来，通过真实世界与虚拟世界的不断切换，将影片中悬疑、紧张的气氛营造得淋漓尽致。电影逼真的特效，满足了观众的审美期待，使观众在沉浸于剧情的同时，也能感受到影视艺术的美感。数字化的创作手法，几乎可以与任意主题或想象相匹配，通过数字化的视觉效果可以引导观众感受故事情节，弱化逻辑感，增强体验感，这也成为现代影视作品引导观众接受思维的主要方法之一。

（三）吸引大众的数字营销创意

动漫作品要想在激烈的市场竞争中崭露头角，拥有一席之地，除了高质量的内容，还需要有符合数字经济时代的营销方法。数字营销的核心是吸引用户注意力。有不少动漫作品，通过创作内容本身的趣味性，结合丰富的数字表现形式，牢牢抓住了观众的眼球，给观众留下了深刻的记忆。在一些影视广告营销中，也有数字动画出现，知名饮品公司可口可乐就曾根据地方特色文化设计数字动画人物形象，用于广告宣传，增添广告趣味性的同时扩大品牌知名度。信息时代的广告结合信息技术或者跨领域合作，追求高质量视听效果。数字技术与动漫艺术形式的结合，有效促进了广告的发展进程。

### （四）用户体验的技术革新

随着信息技术的发展，大众对动漫产品的接受需求在不断革新。例如动画游戏，如今不再是简单生硬的机械化操作，玩家开始追求游戏的交互体验、智能呈现以及人性化设计等。游戏的感官效果、使用体验都能对用户的参与感、兴趣度以及成就感起到至关重要的作用，因此越来越多的游戏公司开始在游戏动画的画面精良度、情节趣味性等方面加大技术投入，通过技术的更新来达到理想的体验效果。

近年来，H5 也成为动漫作品传播的新形式，H5 相比于影视动画作品更加便于接收和传播。H5 制作成本低，制作方法简易，传播效果好，使其成为动漫传播者喜爱的方式之一。H5 的互动性、趣味性及便携性也受到广大受众青睐。H5 动画是在 FLASH 动画基础上发展而来的，因内存小、兼容性高等优势逐渐取而代之，H5 动画的交互性也随着信息技术及设备的更新高度发展。

### （五）数字技术加持下的动漫舞台魅力

传统舞美设置需要使用大量的实物进行装饰，整个舞台的装饰过程复杂烦琐，过多的装饰物也人为缩小了舞台的活动范围。数字技术加持下的舞美，在更加精美的同时，扩大了舞台的活动空间，增加了舞台设置的灵活度。以演唱会舞美为例，通常在演唱会开始时，现场数字大屏会呈现开场视频，活跃氛围，之后歌手通过电子升降台等方式出现在舞台上。在演唱会进行过程中，数字特效会根据现场音乐、舞蹈等不同表演内容，不断变换舞台效果，丰富观众的视觉观感。在 2021 年的春晚舞台上，歌手周杰伦在演唱歌曲《Mojito》时，本人并不在舞台现场，导演组采用了特效及第二舞台的方式，将MV当中的动画效果与舞台相结合，使歌手与特效动画产生互动，营造出了一种歌手在春晚舞台现场表演的效果，配合美妙的音乐，使整个舞台极具感染力，新奇的视听体验深受观众喜爱。其实2015年的春晚就已经利用全息投影技术、3D裸眼技术，将虚拟人物呈现在舞台上。日本著名的二次元虚拟歌手初音未来，也是利用数字技术打造的虚拟人物，初音未来的每一次演唱会，都是利用数字技术进行舞台呈现，深受观众追捧。数字动画将虚拟带进了现实，将不可能变为了可能，将我们的视觉世界不断地充实、丰富起来，这正是数字动画的魅力。

### （六）逻辑程序简易化的数字动效

数字动效是利用计算机图形技术进行图形的运动设计，是将动画运动规律发展到设计领域，现在有了独立的分支。这一方式主要运用于用户界面设计，目前还在不断探索发展当中。数字动效的设计理念在于帮助用户更快理解所使用程序的运行及操作方式，解释交互原理。除此之外，越来越多的动效设计师开始注重动效的美感及趣味性，为用户的交互过程增添娱乐性。动效设计主要是依靠基础的图形元素进行变化，设计师在对图形元素的特性规律、变换方式、适用性等内容进行总结归纳的基础上，设计出符合产品特征、更易被用户理解和使用的数字动效。数字动效的设计功能在于通过图形符号化的表达来传达程序开发者的用意，阐释程序功能及意义。动效设计将用户界面中的层级关系、功能模块通过动画的形式直观地呈现出来，让数据信息可视化、趣味化，使信息的呈现更加丰富。数字动效在不同的界面会呈现不同的变化，即使在同一界面也会根据不同的交互行为和事件而做出不同的反应。数字动效是用户体验设计中至关重要的一个环节，不仅是对用户体验的优化和提升，更是对用户使用操作的反馈，对于程序的开发也具有反向推动作用。

用户在使用产品时，有时产品性能不好或网络条件不好，会导致用户在浏览信息或跳转页面时出现加载缓慢、延迟等现象，在这种情况下，用户的体验感将被大大削弱，时间被不同程度地浪费。动画特效可以有效缓解用户在等待时的枯燥感，同时为交互事件的过程增添趣味性，提升用户对产品的好感，为产品的用户体验加分。

数字动效在界面的视觉表现丰富度上，也可以起到辅助作用。数字动效是界面设计的重要内容，可以通过界面元素的出场顺序、形状变化等，将界面布局进一步合理化，在有限的视觉空间内展示更丰富的内容。

设计是为产品服务的，好的设计能够使产品大放异彩，而数字动效的设计能增进用户对产品程序的理解，优化用户的使用过程。尤其是在用户使用产品的初期，动效设计无异于依附产品的用户指南。

动效设计无论是在电脑端还是移动端，都分为自主触发及被动触发两种。自主触发一般为页面的载入状态、即时状态等，被动触发一般有点击、滑动、移入移出等，除此之外还包括外力感应，如重力感应等。动效的被动触发因其显著的交互效果，成为一直以来动效设计者开发的重点。

## 三、媒介融合背景下西南丝路动漫化传播模式的变革

### （一）媒介融合对西南丝路动漫化传播的影响

媒介融合时代，受众需求的转变、动漫口碑的塑造、人工智能技术的快速发展，都能影响到西南丝路文化的动漫化传播。

随着网络空间内容的日益丰富与繁杂，受众需求也愈来愈多样化，受众需求的转变对西南丝路动漫化传播产生了影响。对动漫传播的分析，需要首先对受众的需求有深入的研究。数字技术的快速发展，让动漫创作似乎有了更多的探索方向。

在注意力经济时代，动漫创作者首先需要关注的就是观众在视觉层面的需要。对于动漫作品，人们的视觉追求已经从色彩发展到仿真感、沉浸式体验。这就要求西南丝路历史故事动漫化也要顺应时代潮流，在角色、场景的设定上追求真实感。其次，在听觉上观众也提出了新的需求，立体化的声音往往能够让人产生很强的沉浸感，在观影的同时能够通过听觉刺激观众对动漫作品的感触，从而激发观众的认同感以及喜爱度。

在快节奏时代，个人意识的强烈使得人们更加注重自身体验，也更加注重动漫作品能否满足自己的情感需求。在观看动画的时候，倾注自身的情感，屏蔽周围的一切，沉浸其中。动漫承担着教育、审美、科普、娱乐等功能，如果一部作品能够在情感上引发观众共鸣，那么它就是一部满足观众精神需求的作品，观众也就愿意进行二次传播。

动漫口碑的塑造对西南丝路历史故事动漫化传播也会产生影响。在动漫传播过程中，受众会通过网络社交平台、内容交流互动社区输出反馈信息，良好的口碑因此成为塑造动漫品牌、吸引动漫受众的重要途径，利用好口碑宣传会比官方直接宣传更易获得意想不到的传播效果。一般情况下，有以下几种传播方式。

一是裂变式传播。裂变式传播是指一条信息自信息源发出，被多位接收者接收，再由接收者进行二次传播。[①] 在目前的传播环境中，国产动画可以通过用户自主参与、网络大V推广、官

---

① 参考自：常恒. 国产动画电影网络口碑传播模式、问题与对策［J］. 传媒，2018（06）：76-78.

方推广这几个途径去突破圈层,树立口碑。比如《哪吒之魔童降世》在上映之后,在一天之内登上微博热搜榜单7次,最终问鼎国产动画票房冠军。相关数据显示,2019年7月,《哪吒之魔童降世》上映后,受到了网民的高度关注,舆论热度平稳上升,并连续6天都保持极高的热度讨论值,并且网民对《哪吒之魔童降世》持有较强的正面情绪。《哪吒之魔童降世》的传播,实现了网站(包括人民网、新华网、中国新闻网、环球网、凤凰网等主流媒体)与微博等渠道的多元传播,拥有较高的舆论声量。

二是节点传播。节点传播就如同流水线传播一样,在互联网中的每一个人都是系统中的节点,同时承担信息接收者、信息传播者和信息消费者这三重身份,共同组成一个网状的传播系统,基于这种方式的传播就是节点传播。[①] 在节点传播过程中,意见引领者处于核心位置,其他节点会优先听取并认同意见领袖的意见。这种传播模式在抖音、微博等平台很常见,例如平台上的影视博主,他们的粉丝通常会先接收他们的意见输出,再去评判作品的质量优劣,进而决定是否观影。

三是米姆(memes)式传播。米姆在传播学中被视为是可以被传播、扩散、复制或者衍生和变异的文化基因,如表情包、网络流行词就是一个米姆。米姆传播则是指某个理念或信息迅速在互联网络用户间传播的一种模式,传播内容可以是事件、图像,也可以是文字,形式并不受约束。[②] 在动漫作品的口碑信息传播中,作品中的某一句台词、某一个场景或者某一个角色都可以成为米姆而被受众传播。利用动漫本身的元素进行衍生传播,在一定程度上提高了动漫作品的传播力,是动漫口碑传播的一个重要

---

① 参考自:常恒. 国产动画电影网络口碑传播模式、问题与对策 [J]. 传媒, 2018 (06): 76-78.

② 参考自:常恒. 国产动画电影网络口碑传播模式、问题与对策 [J]. 传媒, 2018 (06): 76-78.

模式。但随着网络技术的普及，任何人都可以发布自己的观点，在观点交融的信息场域中，口碑对动漫的传播影响极大，既能快速发酵吸引大批量的粉丝，也能让作品在瞬息之间被贬低摒弃，所以口碑的塑造非常重要。

对于西南丝绸之路题材的动漫作品传播来说，提升丝路沿线城市民众对动漫的关注度应该放在首要位置。一方面，将人们耳熟能详的传统文化演变成动态视听的动漫作品进行传播，扩大了文化传播的范围，也为后续的传承增添了更多可能。另一方面，这对推动沿线城市的经济、文化发展具有重要作用和意义，动漫的传播无论是在传播效果还是在传播范围上，都有明显的优势。新媒体平台即时性、迅速性等特质，使得融合媒体下的动漫有了更大的传播效益。

人工智能技术对西南丝路文化动漫传播也会产生影响。人工智能技术的发展已经延伸至多个领域，包括大数据、智能机器人、语音识别和图像识别等。人工智能依托其对环境自动感知和分析的能力，为各个行业提供了技术支撑。动漫的传播也可以考虑运用人工智能技术来提升传播效率。

在媒介融合背景下，网络新闻、小说、广告、短视频、影视剧等的传播数据可以得到更便利、更精准的统计、评估和利用。首先，对用户画像进行分析是动漫传播的一个重要环节，大数据能够基于不同国家和地区进行数据分析，并且能根据动漫作品的收视率、网络点击率、院线票房统计数据，准确地分析不同地域、不同年龄层次、不同职业、不同性别等用户的接收偏好。其次，人工智能技术可以通过实时监测来得到精准的统计数据，并取得传播效果评估方面的突破，传统媒介环境下则会因为数据难以收集、数据数量庞大而难以精准评估效果。

借助上述新模式新技术新环境，我们可以尽量准确拟定动漫宣传策略，即基于数据挖掘技术收集和分析网络中受众对动漫作品的评价、感受，并提取出关键信息，整合成用户反馈信息，从而对动漫作品的宣传策略作出针对性的改进。

（二）媒介融合背景下西南丝路文化动漫传播模式的新变化

融合媒体背景下，西南丝路文化的动漫传播出现了传播方式灵活化、传播范围扩大化、传播分众化特征明显、传播反馈机制更为完善等新变化。

首先，在传播方式上，动漫的传播更为灵活。由于新技术的赋能，以西南丝路文化为题材的动漫作品不仅可以在传统媒体上播出，还可以在爱奇艺、腾讯、优酷、哔哩哔哩等视频平台发行，也可以将其剪辑成短视频在抖音、快手、微博等短视频传播更为突出的平台发行，同时还延伸出 H5 动效、游戏中的剧情动画等传播形式。新媒体的出现为动漫传播带来了前所未有的便利，集文字、声音、图像等多种媒介为一体的新媒体传播方式，也带给了观众更多的感官冲击和更加愉悦的视听体验。

新媒体技术的赋能，为扩大动漫的传播范围提供了可能。传统动漫往往会通过电视播放、光盘播放、院线放映、书店展售进行传播，而新媒体的多元化传播形式，扩大了作品的传播场域，使用者用手机或平板等移动终端，可以选择在任意地点进行播放或者阅览，如户外广告车可以在更为开阔的公共空间为动漫传播创造条件。数字电视、台式电脑、建筑广告屏幕等固定终端，由于拥有高质量的硬件设施，能够为用户提供更优质的观看体验。

从传播媒介的受众年龄来看，哔哩哔哩、微博、抖音、小红书等平台是年轻人聚集地，爱奇艺、腾讯等视频平台拥有多年龄层次的受众群体，而户外广告则可实现全年龄群体的传播，从这个层面来讲，动漫的传播范围在融合媒体时代更为宽泛，西南丝路文化的动漫化传承与传播也能有更显著的效果。

传播分众化特征是融合媒体时代动画传播的又一个突出变化。在传统媒体时代,动漫的受众群体是幼儿和青少年,随着新媒体时代的发展,网络用户的年龄层次扩大。西南丝路文化的动漫化传播也不再受到受众年龄的限制。在这个信息多向流动的时代,用户的自主选择机会增多,新媒体平台上的动画传播具有了分众化的特点,许多平台也出现了诸如少儿、动画等的分区,通过年龄分段来实现精准化传播,以满足互联网络用户不同的观看需要。

区别于以往的单向传播,在融合媒介时代,动漫传播的传播反馈机制更加完善。用户在网络端针对动漫所做的任何操作,比如播放、搜索、评价等,在当前的技术赋能下,都可以被分类归纳并形成用户信息存放到数据库当中,为西南丝路文化动漫的制作方提供用户画像,从而调整作品的制作方案,提升作品的针对性。受众与创作者互动渠道的拓宽,互动性的提高,也有利于制作方了解更多真实的反馈信息,有利于动漫的长久发展,进而有利于西南丝路文化的动漫化传承与传播。

## 第七节 西南丝路文化和动画艺术融合下的"走出去"战略

### 一、国际动漫作品的发展趋势

2020年,全球动漫市场规模为235.6亿美元,作为可持续发展的朝阳产业,在美国、日本、韩国等国,动漫已经成为文化支柱产业。其中,日本动漫内容的对外传播获得良好的成绩,在海外市场占据着不错位置。动漫产业的快速发展,让原画师、动画师、特效师、出版商等其他动漫相关职业备受瞩目,推动着动漫市场的不断发展。

技术的进步推动着动漫在视听、形式方面追求创新。随着可支配收入水平的提高,全球人民的生活水平也在不断提高,动漫受众的主力军——年轻群体在购买娱乐产品的时候,更注重其科技力量的注入,比如 VR 眼镜、OLED 透明电视、VR 跑步机、VR 和 AR 二合一耳机等,动漫产业适应新的消费需求,作品也在致力结合新兴科技手段不断创新。各个国家动漫领域都在尝试吸引更多投资来进行动漫创作,关注全球范围内对动画游戏和动漫电影日益增长的需求。虽然在技术的结合上,已经有相当大一批优秀作品出现了,比如《阿凡达》《蜘蛛侠:平行宇宙》《冰雪奇缘》《驯龙高手》等,但是技术一直在更新迭代,动画艺术与高新技术的进一步融合是各国动漫领域一直努力的方向。

对于人才,各国也在抢抓,受到全球喜爱的动漫作品大多是集结多个国家动漫领域人才力量的优秀作品。以《功夫熊猫2》为例,制作人员来自美国、中国、加拿大、意大利、西班牙、英国、菲律宾等国家。

在动画创作上,视觉效果佳、剧情设置丰富、主题人文价值高的动画作品更容易受到全世界人们的喜爱。针对我国西南丝路文化的动漫创作,应当在视听效果、剧情创作、主题表达上下功夫,结合海外受众的媒介使用习惯来选择合适的载体形式,才能推动我国传统文化题材的动漫作品受到国际文化市场的欢迎。

## 二、西南丝路动漫"走出去"的影响因素

(一)动漫受众定位偏幼龄

国内对于动漫的定位一直维持在偏幼龄状态,"动漫是给孩

子看的"这一思维观念根深蒂固，目前动漫除了电影和部分番剧、漫画在受众定位上扩大了年龄圈层，仍然以国内的幼儿、少儿为主要受众，例如《喜羊羊和灰太狼》《熊出没》《猪猪侠》等动画作品。偏幼龄的受众定位不利于我国动漫产业的发展，也不利于西南丝路动漫化的传承与传播，因为受众定位决定了作品在主题设置、角色设计、剧情创作、视觉呈现等方向，这个错误观念不仅会导致作品题材范围狭窄，还会导致传播圈层难以突破，不利于整个动漫产业的发展，长此以往，中国动漫的发展将会止步于儿童动画。

在人们消费需求提高的时代，动漫和其他影视作品一样，承担了休闲、娱乐的功能，动漫的内容生产急需全龄化转型，才能在发展动漫产业的同时，打好对外传播的基础。因此，以西南丝路文化为核心内容的动漫作品的创作，需要关注受众定位，做好市场调研，尽量满足不同年龄层受众的动漫消费需求。

## （二）动漫产业人才供给不足

近年来，我国各高校及培训机构培养了一大批动漫人才，数量非常可观。但是由于动漫市场在发展层面还存在许多不足，高校与培训机构培养出的动漫人才技能水平参差不齐，动漫又是一个投入时间长、收益慢的产业，虽然为动漫生产积累了后继力量，但是相关专业本科毕业生在本行业从业率不高，人才流失情况较为严重。

此外，我国动漫产业发展面临的一个主要问题就是长期贴牌加工，缺少自己的国际品牌。[1]《2009年中国文化产业发展报告》显示，中国青少年最喜爱的20个动画角色就有19个来自海外，

---

[1] 耿蕊. 从引进来到走出去——中国动画产业对外贸易战略选择[J]. 中国出版, 2020 (06): 27-31.

国内的动画角色入选的只有孙悟空；青少年喜欢的动漫作品中，日本、韩国的作品占比60%，欧美动漫作品占比29%，远远超过我国。[①] 这些数据从侧面显示出建立动漫品牌的重要性，也凸显出我国动漫制作的原创动力不足的缺点。因此，我国的动漫人才培养要注意原创力的培养。只有积极培养创新型动漫人才，才能为西南丝路文化的动漫化"走出去"打好基础，也才能更好地推动中国动漫产业的长足发展。

## （三）动漫风格未成型

近年的国产动漫存在的明显问题就是没有清晰的中国动画风格，很多都在模仿国外的动漫创作，有的偏向日本风格，有的偏向欧美风格。随着三维动画的兴起，国内一些动画也跟风做起了三维动画，却忽略了剧本、主题的选择与打磨。中华优秀传统文化是动漫的创作源泉，是国产动漫明晰风格可借鉴的重要资源。2022年，哔哩哔哩推出的动画短片集《中国奇谭》，一方面适应短视频塑造的受众接受习惯，另一方面也是国产动画中国风格的有力尝试。其中《小妖怪的夏天》和《鹅鹅鹅》就产生了较大的影响。

《小妖怪的夏天》以中国古典文学内容为题材讲述了小妖怪听从命令设陷阱抓唐僧的故事，映射了现代职场中普通人的辛苦历程。在画面上，该动画短片继承了上海美术电影制片厂的经典风格，同时又探索出新的表现方式，在传统绘画中汲取营养，用国画的绘画语言融合其他技法，创造出一个专属于短片的视觉风格，如图6-4。

---

① 赵路平. 我国动画衍生品市场研究 [J]. 当代电影，2011（08）：158-160.

图 6-4　《中国奇谭之小妖怪的夏天》画面截图

《鹅鹅鹅》在糅合了默片风格和哥特风格之后，结合传统志怪故事，创作出一部离奇诡异、寓意深远的动画。片中大量采用黑白色彩，让人联想到中国传统的水墨画，画面中的大量留白，也是符合东方审美的美学表达，其中还借鉴了国画的许多绘画技法，如用"雨点皴"来表现山石的苍劲厚重，用五代时南唐画家董源所创的"披麻皴"来表现开场的鹅山，如图 6-5。

图 6-5　《中国奇谭之鹅鹅鹅》画面截图

西南丝路文化的动漫化传承与传播，可以吸取优秀动画作品的经验，以中国传统艺术风格结合当下的动画创作技术，塑造特色鲜明的中国动漫风格。

（四）"文化折扣"待消除

国产动漫作品"走出去"的一个关键问题就是文化差异。在文化产品的国际传播中，传播内容往往会因为文化背景差异而致输出受阻，受众在理解层面很难跨越文化门槛，因此容易对所传播的文化产品产生抵触心理。中国文化是高语境文化，在对外传播中常常出现"文化折扣"现象。"文化折扣"是指因为文化差异和文化认知程度的不同，受众在面对不熟悉的文化产品时，其兴趣和理解能力等方面都会大打折扣。在以往的动漫作品传播中，中国动漫的出口相对集中在亚洲地区，这是因为东亚国家的文化受到儒释道思想的影响，同处于一种文化氛围里，人们在接收过程中受到"文化折扣"的影响较小，传播的阻碍也就相对较小。

此外，在内容和主题的表达上，国产动漫作品的确还有很大的提升空间。与其他国家主流传播的英雄主义、亲情、友情等主题表达相比，中国动漫作品仁义礼智信等传统美好品德和价值观念的表达更为含蓄，这不利于动漫作品的国际传播。中国动漫的传播当前陷入困境，主要就是体现在高语境文化的接受门槛拦住了大多数海外受众，这也就使得国产动漫缺少了消除固有成见的机会。如果不改变这种现状，成见会越积越多，中国动漫得到展示的概率也会越来越低，传统文化走出去的机会也就会越来越少。

## 三、西南丝路文化动漫"走出去"的建议

（一）借"一带一路"倡议，走文化融合之路

西南丝绸之路是中国古人智慧的结晶，是中华文明与世界文

明交流之梯,"一带一路"倡议的提出,使中国文化的对外传播迈出了一大步。西南丝路文化动漫借着"一带一路"倡议走出国门,是提升我国文化软实力的重要策略之一,既传承了古代丝绸之路,又拓宽了国际合作,可以视作传播中华优秀传统文化的优选途径。

西南丝路文化的动漫化传承与传播,一方面,可以增强我国与丝绸之路沿线各国的文化、经济交流,促进国家间的友好来往;另一方面,可以提高我国的文化传播效率,让其他国家对我国的文化加深认识和了解。所以,西南丝路文化的动漫化传承与传播,可以分为两个部分,第一部分是促进国内段的民族文化的交流融合。在成都到大理的这段路途,沿线居住着很多的民族,各民族和谐相处。通过西南丝路文化的动漫化传承与传播,将各民族文化加以挖掘,作为动漫创作的素材,可以产出更为生动的民族影像志。同时,动漫作品便于传播和接受,沿线各地区的民族可以通过观看丝路动漫来了解其他民族的文化,这也是促进民族文化发展的一个有力举措。第二部分是促进丝路海外段的文化融合。西南丝绸之路联通缅甸、印度等国家,是促进东亚与南亚文化交流的一条交通要道。在西南丝绸之路沿线国家传播西南丝路文化动漫,可以实现从小圈层扩大到大圈层,以点到点,再以点成面,将西南丝路文化动漫传播到更多的国家。文化交流始终是人类精神文明建设的必然要求,西南丝路文化动漫沿着丝绸之路的传播,也会从文化交流的层面上搭建起一座文化互赏的友谊之桥。

(二)借中国元素,打造品牌化动漫

《花木兰》《功夫熊猫》《青春变形记》等动画作品,受到不少海外受众欢迎,可见中国元素在全世界有很大的市场,中国文化在全球具有很大的魅力,动漫领域应该挖掘我国优秀传统文

第六章 西南丝绸之路历史故事与动漫融合的规律和策略

化,打造独具特色的中国品牌。西南丝绸之路上有很多的民族聚居,他们的文化需要有一个展示的舞台。纵观世界上非常卖座的动画电影,其中都包含独特的文化,比如《寻梦环游记》,这部动画就取材于墨西哥亡灵节,融入了很多墨西哥文化特有的元素。以红黄蓝三种色彩为基调构建的建筑就极具墨西哥风格,亡灵世界的构建也是以瓜纳华托的夜景为灵感;此外还有墨西哥的剪纸艺术、墨西哥粽,以及指引亡灵回家的万寿菊。这些独特文化都隐含于动画的主要叙事——米格的冒险之旅之中。

中国不仅有悠久的历史、灿烂的文化,还有许多保留着传统文化的民俗,这些文化资源都是我们进行动漫创作的基础。中国元素是中华民族精神和文化的象征,是独特的民族符号。西南丝路文化的动漫化传承与传播,要以西南丝路文化元素为基础,在满足国际受众的审美需要和娱乐需要的前提下,对动漫作品进行国际化包装,从而打造中国品牌,进一步推动中国动漫走向世界。

(三)借国际力量,传播中国动漫

中国动漫的发展目前仍落后于美国、日本等动漫大国,动漫的制作往往又需要专业性强、原创力强的团队,国际传播少不了国际团队的合作,中国动漫团队注入国际力量是推动中国动漫发展的一个可尝试的措施。国际团队的组建,能够更好地建立国际视野,一方面能够判断动画主题的传播是否会因为有文化门槛而大打折扣,另一方面又能够在动漫的创作技术上保持国际水平。良好的国际合作,不仅有助于创作出更有竞争力的动画作品,还可以将本土的文化成功传播出去。

此外,国际力量还体现在语言的转换上。在动漫的传播中,起到重要作用的,除了具有视觉影响力的画面,还有配音和字幕的正确转译,适当准确的字幕能直接消除文化理解误差。这表明动漫作品在后期制作中如果有恰当的国际力量的加入，能进一步缩短文化差异，保证将中国文化的内涵精准地传递给海外受众。西南丝路文化的动漫化传承与传播尤其要注意语言的转译，因为丝路沿线的民族很多，他们在语言、文化上独具特色，所以更要注重语言的翻译和字幕的处理。

（四）寻情感共同点，以真情感染受众

文化虽然有差异，但是在动漫、影视等文化产品的创作中，只要做到以情动人，就更容易在全世界范围内受到广泛关注和喜爱。好的内容是优秀作品的核心，西南丝路文化的动漫化传承与传播，应当专注于内容，打磨主题表达、剧情设置、人物设定。在跨文化场域的传播中，动漫作品需要找准情感的共同点，既可以是爱情，也可以是亲情，还可以是友情，在情感上激发受众共鸣。能够走出国门的动漫作品，往往能在人性、文化、审美三个层面与世界接轨，中国文化元素的创作融合，需要更多关注上述几个方面的契合。

另外，对角色的塑造也很关键。观众在观看动漫的过程中，如果遇到与自身特点、经历共通的角色，往往会将自身的情感投入其中，感同身受。这就要求角色的塑造要生活化，创作不脱离生活经历。角色的造型是角色情感基调的外在形式，也是能够引发观众移情的条件之一。所以西南丝路文化的动漫化传承与传播，要注重对角色的性格、外形的塑造，要通过观众对角色的认同来促进对整个作品的关注与喜爱，引发观众的关注，从而扩大作品的影响力、传播力。

## 第八节 西南丝路文化动漫化传承和传播的意义和价值

### 一、打造民族形象,提升民族文化影响力

国家形象是一个国家对外综合实力的缩影,包含一个国家的政治、经济、文化、军事等硬实力和软实力,同时也能展现国家民族文化、意识形态等精神价值。尤其是文化软实力,近年成为各国进行国际形象构建的主要途径之一。"一带一路"沿线国家众多,随着该倡议影响力的逐渐增强,通过"一带一路"传播文化软实力也成为我国传播民族文化、打造国家形象的重要途径之一。目前,由于一些西方国家在持续曲解、抹黑,中国国家形象的国际传播还面临一定的困境,中国国际形象的树立和传播还需要不断寻求出路。我们应该坚持用走中国道路、树立中国特色、讲中国故事的方式逐渐提升中国在国际上的影响力。中华民族文化是中国特色的重要体现,是中国向世界传递的精神价值与力量。我国西南地区民族众多,民族文化丰富多彩,是中华民族文化的重要组成部分。对西南丝绸之路的文化建设研究,对内,能够加强各族人民对其他地区文化的了解,增进民族共同意识;对外,有助于讲好中国故事,传递中国声音,促进我国与他国的文化交流,有利于我国更好地塑造国家形象,提升我国的国际影响力,促进我国与他国的合作共赢。

## 二、传递中国声音，弘扬中国精神

提升国际话语权已经成为当今世界各国维护本国利益，争取公平权益的重要途径。近年来，"一带一路"建设的发展进程逐渐受到国际社会的关注，成为中国提升国际话语权的重要契机。我们应当致力"一带一路"文化建设，挖掘民族文化特色，借助丝绸之路向世界传递中国声音，弘扬中华民族精神，增强中国的国际话语权。西南丝绸之路作为"一带一路"建设的重要部分，蕴含了极为丰富的文化内涵，民族特色显著，对西南丝路文化的研究开发是助力中国传递民族声音，提升国际话语权的有效方式之一。"一带一路"建设是中国自主开拓出的维护国家权益，提升国际影响力，实现各国合作共赢，贯彻人类命运共同体理念的重要途径，用合作让世界听到来自中国的声音，传递中华民族精神价值，让世界了解中国和平发展的理念。

## 三、合作实现文化共赏，促进文化创新

在人类文明的进程中，衍生出了不同色彩的文化，世界各国各民族文化特色，共同形成了丰富繁盛的人类社会。全球化发展理念的兴起，为各国文化交流合作提供了更多的平台，实现了各国之间的文化共赏，也促进了各自的文化创新。各个国家都有其独具特色的民族文化，但是追求文化精神建设和满足的理念是相通的，任何国家的文明发展都无法独立完成，而是需要在发掘自身优质文化的前提下，接受外来文化的互动，从中吸取能量，转化为完善本民族文化的不竭动力，以此来实现世界文化的多样化发展。古代丝绸之路就通过文化交流互鉴而产生了不少宝贵的文化财富，这种优良传统应该沿袭下来。"一带一路"倡议正是基

于加强各国文化交流、合作共赢的理念而提出。西南丝绸之路上的少数民族众多，民族文化丰富多彩，在西南地区内部的文化交流就具有一定代表性，众多民族通过文化共赏实现文明共存，合力打造了西南地区的民族文化特色，这为我国实现更大范围的文化交流打下了坚实的基础。"一带一路"的发展带来的不只是经济收益，更多的是为各个国家提供了文明交流的途径，创建了一个文明交流互鉴的良性氛围。文化的交流对于对外传播具有较强的影响力，对于自身文化的发展创新也具有推动作用。文化想要"永葆青春"，就要不断汲取来自不同地区不同领域的文化营养，才能为自己保持长久的活力。以中国文化为例，以往的海外民众对中国文化的了解还停留在功夫、陶瓷、京剧等方面，范围较为狭窄，而"一带一路"建设将更多的中国文化资源传递了出去，向世界展示了中华文化的丰富性，增强了中华文化的吸引力。中国独具特色的民间文化更易在海外民众间传播，能更快地增强中华文化的吸引力，也为中华文化的创新发展提供了更多可能性。

## 四、加强文化自信，推动文化传播

如今世界各国之间的文化软实力竞争愈发激烈，中国文化的国际传播，除了要面对周边国家文化同质化的影响，还面临西方国家异质文化的挑战。部分国家对中华文化存在质疑和偏见，中国文化的国际呈现并不充分。加强我国文化自信，提升我国文化软实力，成为我国对外传播的首要任务。将中华优秀文化自信地推出国门，更有助于我国文化的传承发展。除此之外，中国的文化产业也需要开拓国际市场，通过文化的传递拓展更大的发展空间。"一带一路"建设为我国文化"走出去"提供了广阔的前景，为中华文化走向世界开拓了道路。而文化"走出去"的主要对象在于接受的人，与"一带一路"沿线的国家合作，有利于让他国民众接触到中华文化，有利于我国文化在他国的深入传播，消解部分国家对中华文化的误解，提升我国文化的吸引力，使中华文化更加自信地走出国门，使世界各国感受到中华民族文化的气息，感受中国文化的丰富和深厚，向国际展示一个全面的中国。同时，文化产业的发展也需要通过不断地交流和创新构筑文化的自信，"一带一路"建设使中国与西方国家有了更多的交流互动，为中国文化的建设和发展提供了平台，为中国文化软实力建设做出了重要贡献，为更好地打造中国文化品牌打下了基础。

# 参考文献

[1] 王升华. 四川蚕业史话之三 源远流长的古西南丝绸之路[J]. 四川蚕业，2012（03）：56-57.

[2] 方铁. 简论西南丝绸之路[J]. 长安大学学报（社会科学版），2015（03）：114-120.

[3] 戴媛媛. 汉语在古代越南的传播与汉越语言的接触研究[D]. 昆明：云南大学，2016.

[4] 杨正泰. 明代驿站考[M]. 上海：上海古籍出版社，1995.

[5] 方铁. 古代中国至今老挝、泰国和柬埔寨的陆路交通[C]//中国中外关系史学会，云南省社会科学院，广东省社会科学院，中国社科院边疆史地研究中心，云南大学西南边疆少数民族研究中心. 三条丝绸之路比较研究学术讨论会论文集. 香港社会科学出版社有限公司，2001：139-154.

[6] 张泉. "蜀身毒道"外贸和汉代云南流通货币[J]. 时代金融，2005（10）：60-61.

[7] 蒋佳. 南方丝绸之路[J]. 四川蚕业，2015（02）：61.

[8] 黄宇. 西南丝绸之路文化影响域[D]. 昆明：昆明理工大学，2006.

[9] 方铁. 元代云南至中南半岛北部的通道和驿站[J]. 思想战线，1987（03）：77-83.

[10] 叶永新. 关于"茶马古道"旅游资源开发的思考[J]. 学术探索，2005（04）：40-43.

[11] 彭玉娟，尹雯. 茶马古道：文化线路的经典案例［J］. 云南社会科学，2012（02）：156-160.

[12] 石岚，刘艳. 现代丝绸之路：亚欧腹地多元文化的复兴与交流［J］. 石河子大学学报（哲学社会科学版），2015，29（02）：4-8.

[13] 马恒健. 蜀南秦五尺道的诱惑［J］. 中国民族博览，2020（05）：91-94.

[14] 马恒健. 秦朝五尺道：穿越历史的时光隧道［J］. 龙门阵，2013（09）：67-73.

[15] 范建华. 西南古道与汉、唐王朝开边［J］. 思想战线，1991（06）：72-75.

[16] 方铁. 云南历史上的对外通道：一［J］. 今日民族，2002（01）：32-34.

[17] 宗性. 早期巴蜀佛教与丝绸之路［J］. 中华文化论坛，2017（05）：7-12+191.

[18] 何志国. 四川绵阳何家山1号东汉崖墓清理简报［J］. 文物，1991（03）：1-8+97.

[19] 马琳娜，王国强. 西南古道永昌道文化传播研究［J］. 保山学院学报，2015（04）：14-18+28.

[20] 杨秀芸. 浅谈迪庆茶马古道及其相关的地名文化遗存［J］. 文物鉴定与鉴赏，2020（24）：53-55.

[21] 任新建. 茶马古道的历史变迁与现代功能［J］. 中华文化论坛，2008（S2）：53-55.

[22] 袁志丽. 茶马古道的历史解析与价值探讨［J］. 福建茶叶，2016（03）：56-57.

[23] 薛春霖，施维琳. 茶马古道的历史物证——马店［J］. 云南民族大学学报（哲学社会科学版），2006（02）：77-80+161.

[24] 敏塔敏吉. 茶马古道上的马帮文化［J］. 思茅师范高等专科学校学报，2008（04）：25-31.

[25] 柏拉图. 柏拉图文艺对话集［M］. 朱光潜，译. 北京：商务印书馆，2013：199.

[26] 张谨. 习近平新时代中国特色社会主义思想在大众文化中的话语转化与现实意义［J］. 长白学刊，2021（02）：25-31.

[27] 巴拉巴西 A-L. 爆发：大数据时代预见未来的新思维［M］. 马慧，译. 北京：中国人民大学出版社，2012.

[28] 沈浩，黄晓兰. 大数据助力社会科学研究：挑战与创新［J］. 现代传播（中国传媒大学学报），2013（08）：13-18.

[29] 喻国明，王斌，李彪，等. 传播学研究：大数据时代的新范式［J］. 新闻记者，2013（06）：22-27.

[30] 喻国明，李彪，杨雅，等. 新闻传播的大数据时代［M］. 北京：中国人民大学出版社，2014.

[31] 杨逐原. 大数据时代少数民族文化传播研究［J］. 新闻爱好者，2017（06）：80-83.

[32] 唐润华，郑敏. 文化间性视域下出版业"讲好中国故事"的效果提升路径［J］. 新闻爱好者，2021（03）：50-52.

[33] 刘滢，伊鹤. 回顾与前瞻：国际传播研究的新思考、新概念与新路径［J］. 新闻与写作，2021（03）：86-90.

[34] 马克思恩格斯选集：第 3 卷［M］. 北京：人民出版社，1979.

[35] 李猛，李康，邓正来. 实践与反思——反思社会学导引［M］. 北京：中央编译出版社，1998.

[36] 包亚明. 文化资本与社会炼金术——布尔迪厄访谈录［M］. 上海：上海人民出版社，1997.

[37] 周才庶. 当代中国动画电影的场域解读［J］. 当代电影，

2013（03）：131-134.

[38] BOURDIEU P. The Field of Cultural Production—Essays on Art and Literature [M]. Cambridge UK：Polity Press，1993.

[39] 伏科蒂克，楚汉，汪海，等. 动画电影剧作 [J]. 世界电影，1987（06）：71-80+218.

[40] BOURDIEU P. The Rules of Art：Genesis and Structure of the Literary Field [M]. Translated by Susan Emanuel，Cambridge：Polity Press，1997.

[41] 裘凤. 五行色在当代油画中的运用和重构 [J]. 艺术与设计（理论），2017（03）：105-107.

[42] 钱穆. 中国文化对人类未来可有的贡献 [M]. 北京：北京大学出版社，2005.

[43] 张岱年. 中国哲学中"天人合一"思想的剖析 [J]. 北京大学学报，1985（01）：1.

[44] 唐明邦. 天人之学 [M]. 北京：中央编译出版社，2013.

[45] TYLOR E B. Primitive Culture：Researches into the Development of Mythology，Philosophy，Religion，Art and Custom：Vol.I [M]. London：Bradbury，Evans，and Co.，1871.

[46] 张国宏. 媒介与文化 [D]. 郑州：郑州大学，2000.

[47] 何道宽. 媒介即文化——麦克卢汉媒介理论批评 [J]. 现代传播（中国传媒大学学报），2000（06）：25-31.

[48] 杨柏岭. 作为文化的传播：人、媒介与社会关系的形上之思 [J]. 现代传播（中国传媒大学学报），2020（08）：9-15.

[49] 潘爱玲，王雪. 现代文化产业体系与市场体系协同发展的机制和路径研究 [J]. 华中师范大学学报（人文社会科学

版），2021（01）：64-71.

[50] 路义旭. 论西南丝绸之路的研究状况［J］. 西南民族大学学报（人文社科版），2003（11）：221-224.

[51] 余慧，邱建. 西南丝绸之路与四川传统多民族聚落的生长和演变解析［J］. 中国园林，2012（07）：87-91.

[52] 四川省地方志编纂委员会. 四川省志：民族志［M］. 成都：四川科学技术出版社，2000.

[53] 蓝勇. 魏晋南北朝隋唐佛教传播与"西南丝路"［J］. 西南师范大学学报（人文社会科学版），1992（02）：106-111.

[54] 蓝勇. 汉源晒经石与南方丝绸之路［C］. 凉山州博物馆，四川师范大学巴蜀文化研究中心，四川省文物考古研究院等. 三星堆研究：第二辑. 北京：文物出版社，2007：127-132.

[55] 张泽洪. 贝叶经的传播及其文化意义——贝叶文化与南方丝绸之路［J］. 贵州民族研究，2002（02）：66-72.

[56] 李远国. 南方丝绸之路上的宗教文化交流［J］. 中华文化论坛，2008（52）：168-172.

[57] 王立国，陶犁，张丽娟，等. 文化廊道范围计算及旅游空间构建研究——以西南丝绸之路（云南段）为例［J］. 人文地理，2012（06）：36-42.

[58] 李正清. 白族"绕三灵"的起源和性质［J］. 昭通师专学报（哲社版），1985（02）：80-89.

[59] 菡芳. "绕山林"、"绕三灵"和"逛桑林"［J］. 西南民族学院学报（哲学社会科学版），1981（03）：93-95.

[60] 中国民族民间舞蹈集成编辑部. 中国民族民间舞蹈集成. 云南卷"绕三灵组舞"部分［C］. 北京：中国舞蹈出版社，2000.

[61] 吕跃军，肖文. 灾害民俗学视角下的白族绕三灵［J］. 贵

州民族研究，2020（08）：33-39.

[62] 汪宁生. 云南考古 [M]. 昆明：云南人民出版社，1980.

[63] 顾琛. 数字动漫艺术中的视觉符号及审美研究 [J]. 湖北社会科学，2010（08）：152-154.

[64] 谭继和. 南方丝路与民族文化 [J]. 中华文化论坛，2008（S2）：16-20.

[65] 程乾，陈华珍. 我国动漫产业发展现状和对策研究 [J]. 经济研究导刊，2012（32）：52-53.

[66] 解辉. 当代中国的动漫产业市场发展现状探讨 [J]. 科技风，2019（07）：210-211.

[67] 李淑怡. 动漫文化发展中的思考 [J]. 艺术教育，2011（03）：156.

[68] 刘斌，杨婉若. 新媒体时代日本动画产业链的整合与创新 [J]. 电视研究，2016（12）：71-74.

[69] 吴臣辉，朱进彬. 试论晚清民国时期永昌道上的马帮运输 [J]. 保山学院学报，2015（04）：1-7.

[70] 卫晓东. 传统媒体与新媒体融合发展的现状及路径 [J]. 西部广播电视，2022（18）：94-96.

[71] 刘萍娉. 新媒体对影视作品的影响研究 [J]. 时代报告（奔流），2021（11）：34-35.

[72] 伍家岐. 基于新媒体的社会主义核心价值观传播路径研究 [J]. 文化创新比较研究，2021（36）：61-64.

[73] 张戚安生. 新媒体背景下舞蹈创编教学的发展研究 [D]. 哈尔滨：哈尔滨师范大学，2020.

[74] 李巧丽. 新媒体时代短视频传播途径思考 [J]. 记者观察，2022（06）：103-105.

[75] 王红岩. 中国传统动画影片在新媒体平台的传播与应用 [J]. 新闻爱好者，2023（01）：69-71.

[76] 耿帅. 新媒体动画的传播媒介与受众心理[J]. 艺术教育, 2015（08）：218.

[77] 杨振英, 刘石检. 新媒体时代的语境解读[J]. 今传媒, 2013（05）：97-98.

[78] 赵文瑜. 数字媒体艺术中的交互性动画探析[J]. 戏剧之家, 2016（18）：275.

[79] 符亦文. 在地身份与他者认同——论动画的跨文化传播[J]. 当代电影, 2016（07）：160-163.

[80] 张祎. 智媒时代下主流媒体短视频的传播与发展[J]. 中国传媒科技, 2022（02）：46-48.

[81] 杨婷. 新媒体时代数字动画技术在传统文化传播中的应用[J]. 文化产业, 2022（26）：58-60.

[82] 邱志玲. 新媒体时代传统文化传播的机遇与挑战[J]. 福建商学院学报, 2017（01）：89-93.

[83] 邵杨. 国产动画的文化传统重构[D]. 杭州：浙江大学, 2012.

[84] 朱光潜. 西方美学史：下卷[M]. 北京：人民文学出版社, 1979.

[85] 张岂之. 中华优秀传统文化核心理念读本[M]. 北京：学习出版社, 2014.

[86] 李明. 媒体融合背景下微动画的创作研究[J]. 海南师范大学学报（社会科学版）, 2021（06）：118-125.

[87] 耿蕊. 从引进来到走出去——中国动画产业对外贸易战略选择[J]. 中国出版, 2020（06）：27-31.

[88] 司马迁. 史记[M]. 北京：中华书局：2019.

[89] 姚建峰, 田生湖, 喻凡, 等. 云南商帮[M]. 昆明：云南人民出版社, 2020.

[90] 林超民, 古永继, 潘先林, 等. 西南古籍研究：2016

[M]．昆明：云南大学出版社，2018．

［91］包忠才，李学海．文山彝族与历史［M］．昆明：云南大学出版社，2018．

［92］常雁来．略论胡人在南方丝绸之路民间艺术交流中的价值［J］．艺海，2018（4）：127-128．

# 后 记

本书以西南丝绸之路故事与动漫创作的内在逻辑联系为理论背景，将"西南丝绸之路历史故事"的深层延续与"动漫创新"的表达形式和内容相结合作为研究内容。本书探讨了西南丝绸之路历史故事动漫化传承与传播的可行性和必要性，明确了动漫形式对西南丝绸之路历史故事传播的积极意义，分析了西南丝绸之路历史故事动漫化过程中可能存在的问题和困难，并提出了西南丝绸之路历史故事与动漫形式融合的规律和对策。

本书在撰写过程中，收集、阅读了国内外相关研究领域的大量文献资料，为内容的写作奠定了理论基础和资料基石；在理论阐述方面汲取了不少学术前辈、同仁的精粹而深刻的见解，在此深表敬意和感谢！

本书由王睿负责编写大纲并承担撰写工作。感谢李倩、刘如意、秦智城、马璇、谢淼、向利川、董奥、韩顺怡、王从乐撰写部分章节、提供资料、修改和文字校对！由于诸多原因，该书的成稿比较仓促，加上自身水平有限，书中难免有疏漏和纰缪之处，敬请各位专家和读者提出批评和指正。